数字经济

影响未来的新技术、新模式、新产业

汤潇 著

人民邮电出版社
北京

图书在版编目（ＣＩＰ）数据

数字经济：影响未来的新技术、新模式、新产业 /
汤潇 著. -- 北京：人民邮电出版社，2019.5
ISBN 978-7-115-46624-2

Ⅰ. ①数… Ⅱ. ①汤… Ⅲ. ①信息经济－研究－中国
Ⅳ. ①F492

中国版本图书馆CIP数据核字(2018)第111234号

内 容 提 要

2016年G20杭州峰会上，发展数字经济作为中国创新增长的主要路径被提出来，并受到各方的积极响应、支持。

2017年，"数字经济"首次被写进了政府工作报告：促进数字经济加快成长，让企业广泛受益、群众普遍受惠。

2017年1月7日，阿里巴巴集团副总裁、阿里研究院院长高红冰发布《数字经济2.0报告》。同年3月3日，腾讯公司董事会主席马化腾认为"数字经济"与"互联网+"一脉相承。"互联网+"强调的是连接，"数字经济"强调的是连接之后，有产出，有效益。

数字经济已成为我们国家的重要战略发展方向，也被视为经济增长的新引擎。那么，什么是数字经济？数字经济将给我们带来哪些变革？企业、消费者、政府以及整个社会该如何迎接数字经济的到来？

本书主要回答上述三个问题，并通过引入"通用技术"这一概念，揭示了数字经济的本质内涵，展示了数字经济给整个社会带来的巨大变化，为政府和社会提供了行之有效的应对措施。

◆ 著　　　　汤 潇
　　责任编辑　恭竟平
　　责任印制　周昇亮

◆ 人民邮电出版社出版发行　　北京市丰台区成寿寺路 11 号
　　邮编　100164　电子邮件　315@ptpress.com.cn
　　网址　http://www.ptpress.com.cn
　　北京天宇星印刷厂印刷

◆ 开本：880×1230　1/32
　　印张：9　　　　　　　　　　2019 年 5 月第 1 版
　　字数：216 千字　　　　　　2025 年 2 月北京第 31 次印刷

定价：59.80 元

读者服务热线：(010)81055296　印装质量热线：(010)81055316
反盗版热线：(010)81055315

第一篇 > 什么是数字经济？

第一章

数字经济是什么？ // 002

数字经济的内涵 // 003

数字经济与通用技术的进步 // 004

技术演进史视角下的数字经济 // 007

数字经济——新实体经济 // 010

数字经济——新智能经济 // 013

数字经济案例——共享经济 // 015

数字经济案例——工业互联网 // 016

数字经济案例——智慧医疗 // 018

数字经济案例——全球最大移动支付之城 // 018

第二章

数字经济的崛起 // 020

数字经济的全球大势 // 020

各国政府推动数字经济 // 022

中国数字经济：成就、挑战、应对 // 030

数字经济与跨境贸易 // 036

第三章

数字经济的基本特征 // 042

数据是新生产要素、新能源 // 042

平台替代公司：加速资源优化配置 // 045

经济活动全面智能化 // 052

数字经济推动普惠经济：科技、贸易、金融 // 057

第四章

数字经济时代的基础设施 // 063

大数据 // 064

云计算 // 067

人工智能 // 077

第二篇 > 数字经济将带来哪些变革？

第五章

数字经济带来的新技术 // 090

数字经济带来哪些新技术 // 090

这些新技术的特点 // 091
新技术产生的背景 // 093
新技术发展现状与趋势 // 094
新技术的意义或价值 // 096

第六章

数字经济时代的挑战、商业模式、组织形式 // 097
数字经济的挑战：技术进步快，组织和文化改变慢 // 097
商业模式：C2B // 098
组织形式：云端制=大平台+小前端 // 103

第七章

数字经济如何改变制造业 // 106
制造业的未来是智能化 // 106
数字经济推动"新制造"出现 // 108
新制造与传统制造的区别 // 109
工业大脑：1%=1万亿元 // 111
一台可以直播的烤箱 // 112
柔性生产 // 114
发展新制造的意义 // 115

第八章

数字经济如何改变金融业 // 116
金融与好的社会 // 116
数字经济催生新金融 // 118
金融科技（FinTech） // 120
数字经济改变金融业 // 123
新金融：服务实体经济 // 127
新金融：普惠金融 // 131

第九章

数字经济如何改变零售业 // 136
新零售：满足个人主观效用 // 136
新零售诞生之原因、特征 // 138
新零售与传统零售的区别与联系 // 139
新零售发展的新契机 // 144
无须排队只是开始：Amazon Go // 147
新零售发展展望 // 155

第十章

无人驾驶、智慧物流 // 158
　无人驾驶：生命诚可贵 // 158
　数据驱动的全供应链形成 // 160
　智慧物流平台 // 161

第十一章

数字经济与智慧医疗 // 164
　I，Robot医生 // 164
　医疗大脑 // 166
　人工智能与医疗 // 167
　大数据、云计算与生命科学 // 170
　智能医疗面临的挑战 // 171

第十二章

数字内容产业：教育、文化、娱乐 // 173
　数字内容产业现状 // 173
　智能教育 // 174
　进军全球市场：以数字内容为例 // 180

第十三章

数字城市：智慧城市 // 184

什么是智慧城市 // 185

数据比土地更重要 // 187

你的城市，需要一个大脑 // 187

数字经济如何改变城市 // 189

第十四章

数字农村：美丽乡村 // 193

农村数字经济：广阔市场 // 193

直播：5秒卖4万枚土鸡蛋 // 194

智慧农业 // 196

数字农村：普惠 // 198

数字经济推动精准扶贫 // 199

阿里巴巴普惠式发展战略的成果 // 201

第十五章

数字政府如何降低体制成本 // 204

提供便民服务 // 204

降低体制成本 // 207

第十六章

数字经济：更普惠的社会 // 217
投资经济的"国富螺旋" // 218
"国富螺旋"的成长之痛 // 219
数字经济的"民富螺旋" // 220
数字经济消费者的十万亿征程 // 222

第三篇 〉 如何迎接数字经济？

第十七章

实体经济如何迎接数字经济 // 225
拥抱新技术 // 226
开发新资源 // 227
布局新产业 // 227
利用新金融 // 229
营造新环境 // 229

第十八章

数字经济下的创业创新 // 231
数字经济：第四次创业浪潮 // 232
正在到来的创业机会 // 249

第十九章

数字经济下的新人力资本 // 255

　　4亿人数字经济就业 // 255

　　从大数据专业到开环大学 // 259

　　如何培养数字人才 // 261

第二十章

数字经济下的社会治理 // 266

　　数字经济改变社会治理方式 // 266

　　数字经济治理的原则 // 267

　　重点挑战 // 269

　　治理方式选择 // 272

结语

数字经济与新生活 // 275

第一篇

>> **什么是数字经济?**

第一章

数字经济是什么?

我们处在一个技术飞速进步、经济快速发展的社会,每隔一段时间,就需要有新词汇来描述这些新的变化,帮助我们理解正在发生的变革和未来可能的趋势。

每一个被创造出来的新词,都包含了我们探索社会经济新形态的努力,它吸引着我们的注意力,提醒我们社会经济变迁中那些重要的信息,也成为被频频提及的概念,进而逐步变成我们认识新世界的重要视角,融为我们观念的一部分。

"数字经济"反映了这个时代已经到来和正在到来的变革,孕育着社会经济的未来走向。

数字经济已成为我们国家的重要战略发展方向,也被视为经济增长的新引擎。那么,什么是数字经济?数字经济将给我们带来哪些变革?企业、消费者、政府和整个社会该如何迎接数字经济的到来?

数字经济的内涵

数字经济，一般是指以使用数字化的知识和信息作为关键生产要素、以现代信息网络作为重要载体、以信息通信技术的有效使用作为效率提升和经济结构优化的重要推动力的一系列经济活动。[①]

"数字经济"中的"数字"至少有两方面的含义。一是作为数字技术，包括仍在不断发展的信息网络、信息技术，比如大数据、云计算、人工智能、区块链、物联网、增强现实（AR）/虚拟现实（VR）、无人机、自动驾驶等，将极大地提高生产力，扩大经济发展空间，产生新的经济形态，创造新的增量财富，同时也将推动传统产业转型升级，优化产业结构，从传统实体经济向新实体经济转型。

在这些数字技术中，人工智能的重要性越来越凸显，智能将渗透到经济生活的各个环节，相对于工业经济时代的新技术解放人的体力，数字经济时代的技术将解放人的脑力，新型的数字经济也将是"智能经济"。

二是数字即数据，特别是大数据，既是新的生产要素，也是新的消费品。大数据作为新的生产要素，不仅能够提高其他生产要素，比如资本、劳动的使用效率和质量，更重要的是，将改变整个生产函数，即经济活动的组织方式，通过平台化的方式加速资源重组，提升全要素生产率，推动经济增长。而作为消费品，数字所包含的信息、知识、数字内容、数字产品已经形成了非常大的市场，同时也成为新的财富载体，直播、短视频、数字音乐、新闻推送等产业极富创造力，且增

---

① 2016年9月召开的G20杭州峰会，中国主持起草《二十国集团数字经济发展与合作倡议》并获得通过，该《倡议》给"数字经济"下了定义。

长速度飞快。

　　"数字经济"作为一个整体，包含了新的数字技术、新的经济活动处理过程和新的经济活动组织方式，也将带来新的经济效果。数字与数字技术将在整个经济活动中发挥巨大的作用，优化整体的经济结构，促进生产要素的重新配置，提高生产的效率，推动经济增长。

　　今天，我们看到的数字经济的内容将包含两大部分，或者说两个环节：一是传统产业的数字经济化；二是新兴的智能化经济形态。

　　前者代表了现有经济的存量，是现有经济活动和环节的优化；后者反映了新的经济增量，代表着未来经济发展的方向。

　　实际上，已有研究将数字经济分为 1.0 和 2.0，前者体现了"互联网 +"对于整个社会经济带来的变化，对已有经济活动的优化，推动存量经济的发展；后者意味着数字经济的智能化，基于大数据、云计算和人工智能，带来新的经济增量。

数字经济与通用技术的进步

　　在数字经济时代之前，人类经历了游牧经济、农耕经济、工业经济、信息经济，什么因素决定了不同的经济形式和经济时代？又是什么力量推动经济形态的更替和演进？在众多因素中，经济学家认为，技术特别是"通用技术（General Purpose Technology, GPT）"的进步是其中最为重要的推动力。

　　所谓"通用技术"，根据经济学家 Richard Lipsey 和 Kenneth Carlaw 的定义，一种通用技术是可识别的，最初有很大的改进空间，但被广泛应用于整个经济，其有很多不同的用途并且产生许多溢出效应的技术。

这些通用技术可以分为三类，分别是产品、处理过程（Process）和组织系统；产品包括轮子、蒸汽机、铁路、汽车、飞机、互联网等；处理过程包括写作、打印、人工智能等；组织系统则包括工厂体系、大规模生产、精细生产等。①

他们研究了历史上的各种技术发展，发现截止到他们的研究时间，只有表 1-1 的 26 种技术可以称为"通用技术"。

表 1-1 历史上的 26 种"通用技术"

GPT	溢出效应	日期	分类
植物驯化	新石器农业革命	BC 9000-8000	处理过程
动物驯化	新石器农业革命、役畜	BC 8500-7500	处理过程
冶炼矿石	早期的金属工具	BC 8000-7000	处理过程
轮	机械化，波特的轮子	BC 4000-3000	产品
写作	贸易，记录保存	BC 3400-3200	处理过程
青铜	工具和武器	BC 2800	产品
铁	工具和武器	BC 1200	产品
水轮	无生命力，机械系统	早期中世纪	产品
三桅帆船	发现新世界，海洋贸易	15 世纪	产品
印刷	知识经济，科学教育，金融信用	16 世纪	处理过程
工厂体系	工业革命，可互换零件	18 世纪末	组织系统
蒸汽机	工业革命，机床	18 世纪末	产品
铁路	郊区，通勤，工厂的灵活位置	19 世纪中叶	产品
铁轮船	全球农业贸易，国际旅游，无畏战舰	19 世纪中叶	产品
内燃机	汽车，飞机，石油工业，移动战争	19 世纪末	产品

---

① Lipsey R G, Carlaw K I, Bekar C T. Economic transformations: general purpose technologies and long-term economic growth[M]. OUP Oxford, 2005.

续表

GPT	溢出效应	日期	分类
电力	集中发电，工厂电气化，电信通信	19世纪末	产品
汽车	郊区，通勤，购物中心，长途国内旅游	20世纪	产品
飞机	国际旅游，国际体育联盟，流动战争	20世纪	产品
大量生产	消费主义，美国经济增长分类	20世纪	组织系统
电脑	数字革命	20世纪	产品
精益生产	日本经济的增长	20世纪	组织系统
互联网	电子商务，众包，社交网络，信息战	20世纪	产品
生物技术	转基因食品，生物工程，基因治疗	20世纪	处理过程
业务虚拟化	无纸办公，远程办公，软件代理	21世纪	处理过程
纳米技术	纳米材料，纳米医学，量子点太阳能电池，靶向癌症治疗	21世纪	产品
人工智能	自动汽车，库存机器人，工业机器人	21世纪	处理过程

从表1-1可以看出，通用技术几乎就是从根本上改变人类生活、生产方式、社会结构进步的技术。

从表1-1我们也可以发现，通用技术呈现加速发展的趋势，中世纪之前1万多年漫长的人类历史，只有7项通用技术，差不多是一两千年才出现一种。而中世纪之后，每一两百年就出现了一项"通用技术"。从18世纪开始，每一百年的时间内出现的"通用技术"超过了两项；到了19世纪，出现了4项；20世纪出现了7项。而在两位作者出版该书的2005年，即21世纪的头5年，已经出现了3项"通用技术"。

回顾人类经济增长的历史，我们发现，通用技术的数量与人类经济增长的曲线高度相关，通用技术的进步不仅带来经济效率的提升，也对整个经济活动的组织、社会的运行带来极大的改变和优化。

从通用技术进步的角度来理解，数字经济就是数字技术（包括大数据、云计算、人工智能……）作为通用技术在经济活动中发挥主要作用的经济。数字经济时代的通用技术，呈现出如下特征。

首先，多种"通用技术"同时在经济活动中发挥作用，包括多种产品、处理过程和组织系统：产品包括互联网、移动互联网等，处理过程包括人工智能等，组织系统包括平台型企业等。正是由于多种"通用技术"同时在经济体中扩展和发挥作用，数字经济才成为一种世界范围内的潮流和趋势。

其次，"通用技术"在整个社会经济中被应用的速度越来越快，覆盖的范围越来越广，出现加速发展和相互促进的态势。这些"通用技术"通过不断的迭代创新，其自身也不断进步，同时，在世界范围内扩散的速度也越来越快。

2017 年"两会"期间，全国人大代表、腾讯公司董事会主席兼首席执行官马化腾指出："互联网 +"是手段，数字经济是结果，网络强国是目的，三者是一脉相承的。

如果说"互联网 +"作为一种通用技术在整个社会中发挥作用，那么数字经济时代，则意味着数十种通用技术，包括多种产品、多种处理过程和多种组织系统，共同作用于整个社会，数字经济所带来的经济社会生活的变革将是史无前例的。

技术演进史视角下的数字经济

数字经济是新经济，是正在发生的经济变革，它面向未来，充满蓬勃朝气却又满含不确定性。要更好地理解数字经济及其所代表的新经济发展趋势，有时我们需要借助历史，通过观察重大经济变革对整个社会经济的影响来预判未来。

　　根据阿里研究院的研究，我们可以从 8 个方面来对工业经济时代、信息经济时代和数字经济时代做对比。分别是代表性的通用技术、起主导作用的生产要素、代表性产业、核心商业主体、新经济形态、商业模式、组织模式、文化习惯，如表 1-2 所示。

表 1-2　工业经济时代、信息经济时代与数字经济时代的比较

	工业经济时代	信息经济时代	数字经济时代
代表性的通用技术	电力、交通网络等	数据中心、数字通信网络开始发育	大数据、云计算、人工智能、移动互联网、智能终端等
生产要素	资本、劳动力、土地等	"信息"开始体现价值	"数据"成为核心要素
代表性产业	汽车、钢铁、能源等	IT 产业，以及被 IT 化的各行业	DT 的产业融合产业，被 DT 化的各产业，数据驱动
核心商业主体	大企业主导，追求纵向一体化	大企业主导、由 IT 技术支撑起供应链协同	平台主导
新经济形态	规模经济：以产品为价值载体	范围经济：以服务和解决方案为价值载体	平台经济 + 共享经济
商业模式	B2C	大规模定制为最高形态	C2B、C2M
组织模式	泰勒制	传统金字塔体系受到冲击，各类管理理念盛行	云端制（大平台 + 小前端）
文化习惯	命令与控制	泰勒制松动	开放、分享、透明、责任

来源：阿里研究院

　　在工业经济时代，代表性的通用技术是电力、交通网络等。投入经济活动中的起主导作用的生产要素则是资本、劳动力和土地。这里的资本主要是工厂、机器设备等。而代表性产业则包括汽车、钢铁、

能源等。在整个经济活动中唱主角的核心商业主体是大企业,它们通常追求纵向一体化。在工业经济时代,其相对于农业经济,所呈现出的新经济形态以规模经济为特征,通过大规模标准化生产降低成本。其商业模式是 B2C(从企业到消费者),中间往往有众多的批发商和零售商。在工业经济时代,其主导的组织模式是泰勒制。所谓泰勒制,即记录每个工作的步骤、所需时间,设计出最有效的工作方法,并对每个工作制定一定的工作标准量,归划为一个标准的工作流程;对人的动作与时间进行仔细分析和标准化,以最经济的方式实现最高的生产量,因此又被称为机械模式。在这一组织模式之下,产生的文化习惯就是命令与控制。

在信息经济时代,代表性的通用技术是数字通信系统。而投入经济活动中的生产要素除了一般的劳动力、资本和土地,"信息"开始体现价值。代表性的产业主要是 IT 产业,以及被 IT 化的各行业。在整个经济活动中唱主角的核心商业主体仍然是大企业,这些大企业由 IT 技术支撑起供应链协同。在信息经济时代,其相对于工业经济,所呈现出的新经济形态以范围经济为特征,以服务和解决方案为价值载体。其商业模式的最高形态为大规模定制。在信息经济时代,泰勒制开始松动,在互联网企业,对个性、创造力的重视程度加强。

在数字经济时代,代表性的通用技术是大数据、云计算、人工智能、移动互联网、智能终端等。在经济活动中,"数据"成为核心要素。代表性的产业主要是 DT (Digital Technology,数字技术)产业,以及被 DT 化的各产业,整个经济活动将由数据驱动。在整个经济活动中唱主角的核心商业主体由平台主导。在数字经济时代,相对于信息经济,所呈现出的新经济形态为平台经济 + 共享经济。其商业模式为 C2B(从消费者到企业)、C2M(从消费者到工厂)。

数字经济下的组织模式则是云端制（大平台＋小前端），在互联网企业，文化习惯为开放、分享、透明、责任。

通过比较，我们可以看到，数字经济是技术进步的一个自然结果，而其所带来的变革却是广泛而深刻的，涉及社会生活的方方面面。在后续的章节中，我们将会具体分析这些新的变革。

随着技术的进步，整个社会将逐步从信息经济向数字经济转变。我们不妨将这一经济发展过程分为两个阶段，如表1-3所示。第一个阶段是信息经济向数字经济过渡阶段，这一阶段也意味着新实体经济的出现，是传统经济活动中存量部分的激活与被赋能；第二个阶段是数字经济的智能化，这也代表着数字经济中最有活力的阶段，是数字经济中新的增量，代表着数字经济未来的发展方向。

表1-3 数字经济发展的两个阶段

	信息经济向数字经济过渡阶段（存量）	数字经济阶段（增量）
关键词	信息化、数字化	智能化
时间轴	近景	远景
基础设施	自建数据中心为主	云计算、互联网、智能终端等
技术群落	IT技术	DT技术
投入要素	"数据"开始体现价值	"数据"成为核心要素
代表产业	IT产业，以及被IT化的各行业	DT化产业，数据驱动的产业融合
商业模式	大规模定制	C2B、柔性化生产
组织模式	传统金字塔体系受到冲击	云端制（大平台＋小前端）

数字经济——新实体经济

关于数字经济的讨论中，一个常常出现的争论就是，数字经济是否是"实体经济"。尽管数字经济中的数字容易使人联想到"虚拟经济",但如果我们从电力、IT 技术的角度来理解数字经济,那么,我们会发现,"数字"代表的是数字技术,是通用技术,并非虚拟经济,数字经济其实是新实体经济。

在工业经济时代,随着电力的出现,一方面,基于电力的新的经济形式出现,工业生产方式和家庭生活方式都出现了重大的变革;另一方面,传统农业经济部门也逐步引入了新的电力技术和基于电力的其他工具,从而提高了农业部门的生产率,支撑了农业劳动力向工业的转型,也推动了城市化的进程。

与电力作用于工业经济时代类似,在数字经济时代,数字技术既会带来新的经济形态、新的财富生产方式,产生新的业态,又将为传统实体经济提供新的基础性技术,这些基础性技术将帮助传统实体经济提高效率、转变结构、优化资源配置,进一步推动劳动力向生产率更高的部门转移。

具体到中国,数字经济被中国政府重视,原因也是类似的。首先,数字经济是新的生产力、新的实体经济,是经济增长新的动能,将为中国经济提供新的增长方向;其次,数字经济能够推动经济结构优化调整,为中国实现转型升级、淘汰落后产能和僵尸企业、提高生产率做出贡献。

一个典型的数字经济对于经济发展的贡献如下页图所示,数字经济在新增消费、创造就业、普惠金融、激活生产力、重建信用体系方面都做出了重要贡献:在新增消费方面,网络零售创造 39% 的新增消费,这释放了很多中小城市的消费潜力;在创造就业方面,以阿里巴巴为例,其零售商业生态创造的就业机会超过 1500 万;而在普惠金融方面,以蚂蚁微贷为例,其累计服务小微企业超过 2000 万家；上述各项活动也激活了生产力，推动了"互联网+"各行各业，表现为一个个环节的互联网化，以提升物流效率为例，2016年"双十一"一天的快递包裹量是 6.57 亿件，这一天的包裹量相当于 2008 年全中国半年的量；另外，数字经济也帮助重建了信用体系，新的基于交易的信用体系，实现了网络信用服务的创新，创建了新型开放有效的信用评价体系，让每一个人拥有信用分，让信用等于财富。

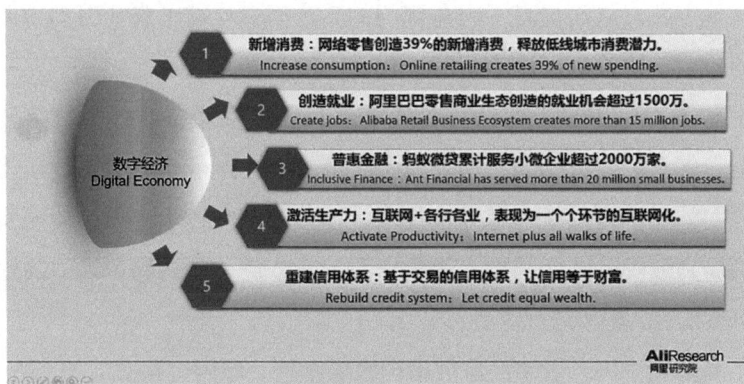

数字经济对经济社会发展的贡献（以中国为例）

　　对于将数字经济看作虚拟经济的观点，很多学者也在澄清。中国工程院院士、中国互联网协会理事长邬贺铨在 2016 年第三届互联网大会上就提出：数字经济的发展，不仅不会砸了传统经济的饭碗，相反它是传统实体经济的新机会，是全球治理的一个新机会。

　　邬贺铨院士认为，人类经历了农业革命、工业革命，正在经历信息革命，以互联网为代表的信息革命带来生产力又一次质的飞跃。尤其是国际金融危机以来，全球信息化进入全面渗透、跨界融合、加速创新和引领发展的新阶段。

"数字经济时代的创新驱动比任何时候都更重要。"邬贺铨表示，数字经济是数字化的工业经济和农业经济，"因而数字经济也是实体经济"。[1]

数字经济——新智能经济

每一次新的技术革命出现，对于经济活动的影响可以分为两部分：一部分是新的技术帮助提升原有产业的生产效率，使得原有经济中存量部分继续增长；另一部分是新的技术将产生新的经济形态，引发新的需求、新的产品和服务、新的商业模式和组织形式，这也意味着经济活动新的增量部分。

如果说数字经济作为新实体经济，更加强调的是原有经济部门效率的提升，那么，数字经济作为新智能经济，则意味着经济活动中新的增量。

所谓新智能经济，是指人工智能技术在整个经济活动中得到广泛应用的经济形态。

2017年的政府工作报告提出要"全面实施战略性新兴产业发展规划，加快新材料、新能源、人工智能、集成电路、生物制药、第五代移动通信等技术研发和转化"，这是"人工智能"这一表述首次出现在政府工作报告中。

在2017年中国（深圳）工厂领袖峰会上，各大互联网公司负责人纷纷强调人工智能。百度总裁李彦宏表示，互联网其实现在只是一

---

[1] 邬贺铨：《数字经济的发展是实体经济的新机会》，《钱江晚报》，2016年11月22日。

道"开胃菜",真正的"主菜"是人工智能,人工智能不是互联网的一部分,不是互联网的第三个阶段,它是堪比工业革命的一个新的技术革命。人工智能是一个非常大的产业,会持续很长时间,未来20年到50年都会是一个快速发展的人工智能的时期。在这种时代大潮下,显然不是一个公司能够把所有的事情都做下来的。未来人和物、人和工具之间交流的方式,不是人去学习工具怎么使用,而应该是机器、工具去学习人的意图。以后人和机的对话以及人和物的对话就变成一种自然语言的对话,这是未来几十年可能代表人工智能发展的一个最大的方向。

科大讯飞董事长刘庆峰则认为"未来5到10年,人工智能将像水和电一样无所不在,可以进入到教育、医疗、金融、交通、智慧城市等几乎所有行业,一个全新的'人工智能+'时代正在到来"。"2016年是人工智能元年,2017年则是人工智能应用年。"

阿里巴巴总裁马云则强调,要让机器做人做不好的事情。他认为,未来二三十年我们要思考如何用好机器。让机器做人做得好的事情只会让人越来越沮丧,要让机器做人做不好的事情。过去一百年人类把人变成机器,未来一百年将会把机器变成人,这种人跟想象的人不一样。我们真正做的应该是让机器成为人最好的搭档,而不是对手。只有这样才能让机器成为人的合伙人,而不是人被机器取代。

可以说,数字经济的第二部分,即新智能经济的部分,将在经济活动中发挥越来越重要的作用,引领新的经济时代的到来!

数字经济时代已来,我们不妨通过4个案例来对数字经济做一个快速的了解,这4个案例其实是4种新的商业模式和生活方式,分别是共享经济、工业互联网、智慧医疗、无现金社会。

数字经济案例——共享经济

摩拜单车是共享经济的杰出代表，也是数字经济的杰出代表。截至 2017 年 3 月底，摩拜的业务已经覆盖海内外 36 个城市，拥有超过千万级的用户。同时，其近期的总业务量也已经突破了 5 亿人次。

摩拜单车

因为采用物联网、云计算和大数据技术，摩拜可以扫码开锁，用户还可以远程提前预约。这完美解决了人们"怕找不到车"的焦虑感。

摩拜单车可以说是一个非常好的商业模式，融合了物联网、地域服务、共享经济的理念，反映了未来世界的潮流——环保、互助，是真正的共享经济。

除了摩拜单车，ofo、bluegogo 等共享自行车公司也在迅速发展，为人们的出行提供极大的便利。

数字经济案例——工业互联网

根据《哈佛商业评论》的报道，工业互联网可以被看作是数据、硬件、软件和智能的流通与互动。从智能设备和网络中获取数据，然后利用大数据分析工具进行存储、分析和可视化。最终的智能信息可以供决策者（在必要时实时）使用或直接实现智能决策。智能信息在机器、系统网络、个人或群体之间分享，这让更广泛的利益相关方参与到资产维护和优化之中。智能信息还可以返回至最初的机器，根据反馈循环让机器能够从历史中"学习"。我们可以把工业互联网看成是一个机器、数据、系统网络和人之间的循环。

工业互联网的机器学习（Machine Learning）能力，强调人的智慧与机器的智能之间的互动和辅助关系，而非替代性。由此可见，工业互联网区别于物联网概念的关键在于，它更强调大数据分析和机器与人的智能联系。

Predix

GE 的 Predix 是全球第一个专为工业数据与分析而开发的操作系统，实现了人、机、数据之间的互联。它能够快速获取、分析海量高速运行的工业数据，让客户在安全环境下进行数据分析处理，最终优化设备。

在工业行业，机器产生的数据量十分巨大且凌乱，需要对数据进行实时分析与整理。Predix 正是这样一款专为工业数据的采集和分析而开发的服务，它不仅能同步捕捉机器运行时产生的海量数据，还能对这些数据进行分析和管理，做到对机器的实时监测、调整和优化，提升运营效率。

自 Predix 推出以来，GE 已经通过该平台开发了近 40 款工业互联网应用程序。GE 的大部分部门都已经开始通过 Predix 优化工作。全面开放后的 Predix 类似于工业的安卓系统，各家企业都能通过 Predix 开发定制化行业的应用程序，通过集群的力量，扩大工业互联网生态系统。

Predix 的运用意味着工业模式发生大变化。比如，在这个平台上研发的一款发动机，不是 GE 自己的人研发的，但是研发出来的发动机，比原来的产品轻很多，稳定性更好，更省油。这对于航空发动机行业而言，是一种巨大的颠覆。

徐工云

"徐工云"是国内第一家工业云，其理念来自 GE 的 Predix，正如 Predix 一样，徐工致力打造的徐工云平台就是要把徐工这样的传统制造企业向开放式企业转变。

2016 年 11 月，在上海举行的国际工程机械博览会上，徐工集团携手华为、阿里巴巴、中国电信等互联网和通信业巨头，共同启动"徐工工业云"平台，打造"互联网 + 云技术 + 制造"的全新工业经济发展模式，这标志着徐工积极融入"中国制造 2025"和"工业 4.0"时代大潮，打造中国首个工业云平台。

工业互联网能够把提高企业价值和利润的方式，重新调整为流程优化、资产利用率高、成本节约、能效提高等关注内在的软实力方面。工业互联网在降低成本、提高能效方面与服务业不同，在工业领域成本降低或效率提升 1%，都会给企业带来巨大的价值。对于中国制造业而言，1% 的效率提升就意味着数万亿元的利润增加。

数字经济案例——智慧医疗

据日本《东京新闻》2016 年 8 月报道，IBM 的沃森健康（Watson Health），作为学习了海量医学论文的人工智能平台，仅仅用时 10 分钟左右，就通过对比 2000 万份癌症研究论文，为一名 60 岁女性患者诊断出了罕见的白血病类型，并提出了适当的治疗方案，为这名女性的康复做出了贡献。

中国非公立医疗机构协会常务副会长郝德明表示，人工智能系统的引进，将大大提升医生的诊疗水平和服务效率，通过培养出一批擅长使用智能工具的医务人员，从根本上解决当前我国医护人才紧缺的现状。

数字经济案例——全球最大移动支付之城

根据《中国企业家》杂志的报道，2016 年中国的第三方移动支付的市场规模达到 38 万亿元人民币，艾瑞咨询在 2017 年 2 月发布的一份针对中国的报告显示，中国的移动支付规模已远超美国，而且已是美国的近 50 倍。

据报道，目前全国有超过 200 万家餐厅、商超和便利店，超过 80 万个停车位，超过 20000 家加油站等场景可以使用支付宝扫码支付。同时，人们也可以通过支付宝支付缴纳水、电和煤气等生活费用；通过和政府部门合作，开通政务缴费等服务；通过和医院合作，开通手机挂号、缴费、查报告等全流程移动就诊服务等。①

---

① 来源：《中国企业家》微信公众号，2017 年 3 月 14 日。

德国《经理人杂志》2017 年 5 月的报道称,不管是芬兰航空还是欧洲的两千多家餐厅和商店,其中包括著名的伦敦哈罗德百货,眼下都可以使用支付宝支付,而且可以使用的店铺数量每天都在增加。①

在中国,杭州被称为"移动支付之城"。根据"蚂蚁金服"公布的数据:目前,杭州 98% 的出租车、超过 95% 的超市便利店、两万多家餐饮门店等都支持移动支付。数据显示,杭州已成为全球最大的移动支付之城。

---

① 来源:中国政府网。

第二章

数字经济的崛起

数字经济的全球大势

我们可以通过关注数字经济的规模、发展趋势和政府的应对等方面，来理解数字经济的全球大势。

从数字经济的规模看，全球的数字经济正在快速发展，到2016年，全球已经有超过 32 亿的互联网用户，有超过 25 亿的智能手机用户。市值排名前 5 的科技公司，其市值之和超过了 2 万亿美元。中国的腾讯公司和阿里巴巴公司，其市值都超过了 3 万亿元人民币。

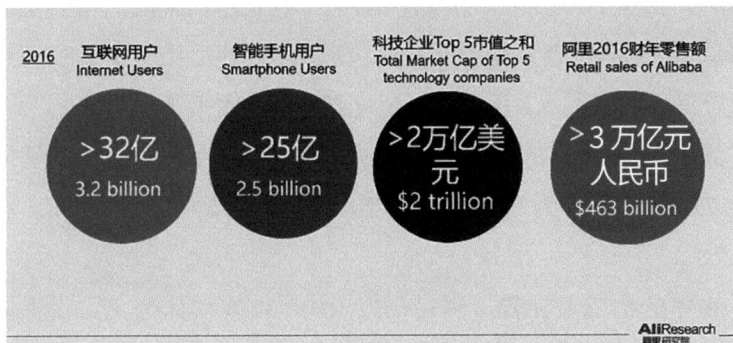

全球数字经济快速发展

如果将全球市值排名前 15 的互联网公司加起来，我们会看到，从 1995 年到 2016 年，市值增长了 180 倍。前 10 大互联网科技公司总市值已经超过了前 10 大跨国公司的总市值。这反映了数字经济在过去若干年所取得的成就，更表明了其今后发展的潜力。

1995年12月 As of Dec. 1995				2016年11月 As of Nov. 2016		
	公司 Company	国家 Country	市值（百万美元）($MM)		公司 Company	国家 Country	市值（百万美元）($MM)
1	Netscape	USA	5,415	1	Apple	USA	563,679
2	Apple	USA	3,918	2	Google	USA	507,335
3	Axel Springer	Germany	2,317	3	Microsoft	USA	451,903
4	RentPath	USA	1,555	4	Amazon	USA	341,678
5	Web.com	USA	982	5	Facebook	USA	331,680
6	PSINet	USA	742	6	Tencent	China	235,760
7	Netcom On-Line	USA	399	7	Alibaba	China	224,425
8	IAC/Interactive	USA	326	8	Priceline.com	USA	73,484
9	Copart	USA	325	9	Baidu	China	56,106
10	Wavo Corporation	USA	203	10	Salesforce.com	USA	49,414
11	iStar Internet	Canada	174	11	Netflix	USA	48,656
12	Firefox Communications	USA	158	12	Yahoo!	USA	37,497
13	Storage Computer Corp.	USA	95	13	JD.com	China	34,221
14	Live Microsystems	USA	86	14	eBay	USA	31,179
15	iLive	USA	57	15	NetEase	China	28,650
	Total Market Cap of Top 15		16,752		Total Market Cap of Top 15		3,015,667

全球 15 大互联网公司市值，20 年增长 180 倍

根据 2017 年 1 月发布的第 39 次《中国互联网络发展状况统计

报告》，截至 2016 年 12 月，中国网民规模达 7.31 亿，相当于欧洲人口总量。互联网普及率为 53.2%，较 2015 年年底提升了 2.9 百分点，超过全球平均水平 3.1 百分点，超过亚洲平均水平 7.6 百分点。

地域分布上，农村网民占比 27.4%，规模为 2.01 亿；城镇网民占比 72.6%，规模为 5.31 亿，较 2015 年年底增加 3772 万人，增幅为 7.7%。

在年龄构成上，我国网民仍以 10 ～ 39 岁群体为主，占整体的73.7%，其中 20 ～ 29 岁年龄段的网民占比最高，达 30.3%，10 ～ 19岁、30 ～ 39 岁群体占比分别为 20.2%、23.2%。与 2015 年年底相比，10 岁以下儿童群体与 40 岁以上中高龄群体占比均有所提升，互联网继续向这两个年龄群体渗透。

手机网民规模巨大，达 6.95 亿，较 2015 年年底增加 7550 万人。网民中使用手机上网人群占比由 2015 年年底的 90.1% 提升至 95.1%，提高 5 百分点。[①]

各国政府推动数字经济

数字经济作为一个全球大趋势，各主要经济体基本上都有推动数字经济的规划和政策，限于篇幅，我们选择一些代表性国家进行介绍，如表 2-1 所示。

---

① 《中国互联网络发展状况统计报告》，中国互联网络信息中心，2017年1月。

表 2-1 一些代表性国家政府推动数字经济

美国"数字经济议程" US: "Digital Economic Agenda"	自由开放的互联网;互联网信任和安全;创新和新兴技术
欧盟"数字单一市场战略" EU: "Digital Single Market Strategy"	破除法律与行政壁垒,实现数字商品服务自由流通;加强网络交流平台的管理;推动数字技术发展;增加数字产业投资
德国"数字经济战略 2025" Germany: "Digital Economic Strategy in 2025"	构建千兆(吉比特)光纤网络;建立投资及创新领域监管框架;在基础设施领域推进智能互联以加速经济发展;加强数据安全,保障数据主权;促进中小企业、手工业和服务业商业模式数字化转型;帮助德国企业推行"工业 4.0";注重科研创新,数字技术发展达到顶尖水平
英国"数字经济法" UK: "Digital Economy Act"	重视通信基础设施特别是宽带的建设,建立了数字版权保护的法律和管制框架,保护在线著作权等
"中国互联网＋战略" China: "Internet + Strategy" "中国数字经济"	依托互联网信息技术实现互联网与传统产业的深度融合;优化生产要素、重构经济结构等途径来完成经济转型和升级;推动移动互联网、云计算、大数据、物联网等与现代制造业结合,促进电子商务、工业互联网和数字金融的创新发展
日本"2015 年 i-Japan 战略" Japan: "i-Japan Strategy in 2015"	电子政府战略;医疗和健康信息化发展战略;教育和人才信息化战略

来源:阿里研究院

(一)美国:数字经济的引领者

在全球科技产业领域,美国一直处于绝对的领导者地位,随着互联网的发展,以及美国制造业的衰退,美国的产业霸主地位出现了被动摇的迹象。不过，凭借 IT 领域的绝对优势，美国有机会在数字经济时代继续引领，甚至拉大与其他国家的差距。近几年，谷歌的人工智能发展吸引了全球的关注，另外，微软 AWS 的公共云也表现抢眼。与谷歌的人工智能不同，AWS 的公共云的服务范围更广，对其他领域和产业的创新带动作用更强。公共云作为基础设施，是所有 IT 创新和基于 IT 创新的基础支撑，就像公路、电网一样。

美国作为数字经济的引领者，除技术领先外，在政策支持方面也走在世界前列，自 2012 年相继发布了《大数据研究和发展计划》，推出"数据－知识－行动"计划，提交《大数据：把握机遇，维护价值》政策报告。2015 年 10 月更新的《国家创新战略》提出建设下一代数字化基础设施，以保障数字世界接入等内容。

2016 年 12 月，美国商务部建立了数字经济顾问委员会（DEBA），成员包括科技行业巨头、创新者以及专家，旨在帮助政府、企业和消费者提供发展数字经济的建议，从而凭借数字技术的应用与发展促进经济繁荣、教育完善、积极参与政治与文化生活。

美国前商务部部长普里茨克在数字经济顾问委员会会议致辞时说道："每个人都知道，数字经济对于未来创造机会和繁荣至关重要……我们作为商业领袖、作为学者、作为政策制定者的挑战是如何帮助我们的人民适应这样一个世界，其中技术正在改变我们工作的性质，同时还支持数字经济作为提高增长和增强美国竞争力的手段。"[1]

---

① 来源：美国驻华大使馆的新浪微博。

（二）欧洲：积极拥抱

英国

2017 年 3 月 1 日，英国政府酝酿已久的《数字英国战略》（UK Digital Strategy，以下简称《战略》）正式发布。对此，英国文化大臣 Karen Bradley 称："《数字英国战略》将创建能让每个人都受益的数字经济，确保数字红利覆盖整个国家，我们要有必需的基础设施，我们的管制要灵活，每个人都要有身为数字公民的技能，每位工人也都要有数字经济需要的技能。"[①]

《数字英国战略》备受瞩目，一方面由于数字化浪潮席卷全球，世界各国都希望能借鉴英国的战略；另一方面英国面临脱欧，如何通过数字化打造一个强大、充满活力的英国也成为各方关注重点。根据新浪科技的报道，该《战略》共涵盖七大方面：数字化连接、数字化技能、数字化商业、宏观经济、网络空间、数字化政府和数据。

数字化连接：建立世界级数字化基础设施。《战略》指出，数字化连接是公共事业，可以推动生产力发展和创新，是英国数字化国家建设的物质基础。这部分继承了以往的一些政策，比如在 2020 年前加速推进 4G 和超高速（最低 10Mbit/s）宽带，在更多公共场所提供免费 Wi-Fi，为 5G 等网络基础设施拨款 10 亿英镑等。

数字化技能：《战略》强调，数字技能鸿沟是英国与其他国家和地区共同面临的难题，英国将推出一系列计划，以弥合数字技能鸿沟，将提供超过 400 万个免费的数字技能培训机会，帮助改善英国的数字技能基础设施。同时，《战略》提到，数字化创新将给就业和诸多产

---

① 《脱欧未决 英政府最新〈数字英国战略〉引争议》，新浪科技，2017 年 3 月 8 日。

业带来破坏性影响，英国政府要确保那些受到波及的对象得到帮助。

数字化商业：将英国打造成全球最适合创业和发展数字化商业的国家。英国目前有世界级的初创企业、最强大的技术孵化器。主要推动措施包括：到 2020—2021 年间，将成立 47 亿英镑的研发基金；并将展开针对人工智能发展的评估；在 5 个发展中国家设立英国科技中心。

宏观经济：帮助每一家英国企业成为数字化的企业。英国的全球竞争力将越来越依靠两个方面，一是逐渐繁荣的数字产业，二是所有的企业都能利用最好的数字化技术和数据促进创新并提高生产力。

网络空间：要让英国拥有全球最安全的在线生活和工作环境。安全的网络空间是一个包容、繁荣的数字经济所必须具备的基本要求。《战略》提出：将支持国家网络安全中心（NCSC）提供企业单点联络机制，尤其是英国的"关键国家基础设施"企业。

数字化政府：让英国政府在在线服务方面保持全球领先。《战略》称，在数字化政府方面，英国目前已经是全球领先者。英国将继续发展跨政府平台服务，预计到 2020 年在两大政府平台 GOV.UK Pay 和 GOV.UK Notify 上将发展 2500 万名用户。

数据：《战略》提出，为确保英国位于数字经济的最前端，政府将在 2018 年 5 月前施行《通用数据保护法》，以确保消费者的数据在能被共享的同时得到更高程度的保护。

德国

近年来，德国政府对数字经济转型的重视程度越来越高。在德国联邦经济部发布的 2014 年年度经济报告中，"数字"（Digital）一词出现了 16 次，而在 2013 年的报告中仅出现了 1 次。为推动数字经济发展，德国政府先后发布了"工业 4.0""数字议程（2014—2017）"

以及"数字战略 2025"。"工业 4.0"是德国政府 2013 年提出的一个高科技战略计划，包括智能工厂、智能生产、智能物流三个方面，被认为是以智能制造为主导的第四次工业革命。随后，2014 年德国政府又出台了"数字议程（2014-2017）"，目的是推动网络普及、网络安全以及数字经济发展三个重要议程，使德国成为数字强国。"数字战略 2025"则在国家战略层面明确了德国制造转型和构建未来数字社会的思路，以及未来数字化必备的工具。

根据新华社报道，2017 年 4 月 7 日，二十国集团（G20）首次围绕数字经济召开的部长会议在德国杜塞尔多夫落幕。会议达成共识，致力实现全球所有人到 2025 年都能接入互联网。德国经济和能源部部长布丽吉特·居普里斯说，数字化是经济增长的重要驱动力，其创造的机遇应当惠及所有人。数字化革命具有全球化，她呼吁人们避免陷入将数字化革命局限在本国的错误思维。更快的网速、更完备的网络基础设施、更好的数字化教育，能应用在"工业 4.0"、网络安全和自动驾驶等领域的数字化国际标准也是 G20 成员国未来期望达成的目标。担任 2017 年 G20 主席国的德国把发展数字经济列为任内的一个工作重点。①

这是 G20 成立以来首次就数字化举行部长会议，反映出数字经济的重要意义在不断凸显。德方主推该议题也延续了中国担任主席国期间的核心倡议，当时中国提出促进互联网经济和中小企业数字化等主张。德国虽然在数字技术方面具有一定优势，但在数字基础设施、政务信息化等方面已经逊色于不少国家，德国政府已经意识到需要加

---

① 《G20数字经济部长会议力推普惠数字化》，新华网，2017年4月8日。

大对公共领域数字化的投入。[①]

（三）亚洲：追赶

印度

最近，全球增长最快的经济体之一印度得到各方关注，尤其是涉及"物联网"等技术革命时。印度技术行业的增长速度远远快于其整体经济的增速。印度拥有超过 10 亿的手机用户和 4.62 亿的互联网用户，网络用户数排名世界第二（仅次于中国）。这些庞大的用户群体为移动互联网、数字支付、云计算和物联网等技术的爆炸式增长奠定了基础。

印度总理莫迪早在 2015 年 1 月就启动了"数字印度计划"，目标是到 2019 年实现 25 万个村庄通网络，并将创造超过 1 亿个就业岗位。

根据麦肯锡的报告，如果这些技术被采纳，到 2025 年，采用这些技术的应用程序可以每年产生 5000 亿 ~ 1 万亿美元的经济效益。这代表着 2012 年至 2025 年间经济增量的 20% ~ 30%。

由于印度的经济规模和发展轨迹，它正在描绘一幅宏大的经济图景。大量中国互联网企业进入印度，抢滩印度的数字经济。

马来西亚、印度尼西亚

马来西亚政府同样高度重视数字经济的发展，在 2016 年，其总理纳吉布在访问中国期间，同阿里巴巴集团董事局主席马云进行了单独深度会谈，并当场邀请阿里巴巴集团董事局主席马云担任马来西亚政府数字经济顾问。纳吉布表示，委任马云此职，是为了协助提升马来西亚的数字经济，特别是电子商务的发展。

---

① 《德国政府拟借G20力推数字经济》，中华人民共和国商务部网站，2017年1月。

另外，阿里巴巴集团董事局主席马云也担任印度尼西亚政府的电子商务发展顾问，协助东盟国发展跨境电商。东南亚市场拥有约 6 亿名消费者，而电商业务估计仅占东南亚全部商务规模不到 5%，随着越来越多富裕的中产阶级增加和互联网普及率的提升，电子商务的市场潜力将会十分巨大。谷歌最近一份报告分析指出，到 2025 年，东盟数字经济规模预计会达到 2000 亿美元，其中收益最大的无疑是电子商务行业。

泰国

2016 年 9 月 16 日，泰国成立了"数字经济和社会部"，取代原先的信息与通信技术部，以进一步推广"泰国 4.0 战略"，以提高创新能力。

这一新部门的首要目标之一是给泰国卫星工业和数字工业带来创新性变革。"泰国 4.0 战略"是巴育政府近期倡导的新的经济发展模式，主张在经济活动中发挥创新性、创造性和技术应用能力。通过实施该战略，泰国希望将传统的农业种植模式转型为智能化的农业，将传统的中小企业转型为智能型的中小企业，将传统的服务业变成具有高附加值的服务业。

2016 年 12 月 9 日，泰国政府和中国互联网巨头阿里巴巴针对双方通过合作发展泰国电子商务的一系列措施签署了意向书。

中国数字经济：成就、挑战、应对

（一）中国数字经济所取得的成就

中国目前是拥有全球最多网民的网络大国，是拥有最多年轻移动消费人口的国家，当前网上购物者接近 5 亿，70% 是"80 后""90 后"，这意味着中国年轻的网上消费人口已经超过了美国的总人口。中国已经成为全球第一的电子商务大国，全球第一的移动支付大国，全球第一的物流智能大国，以及全球第一的互联网就业大国。

中国也正在成为新一轮产业革命的主导者，成为全球数字经济的大国和强国，成为全球新实体经济的大国和强国。中国的数字经济，也已经实现了跨越式的发展，2017 年 3 月 4 日，中国信息化百人会课题组发布的最新报告显示，2016 年我国数字经济规模已达到 22.4 万亿元人民币，占 GDP 比重达到 30.1%；2016 年我国数字经济的增速高达 16.6%，分别是美国（6.8%）、日本（5.5%）和英国（5.4%）的 2.4 倍、3.0 倍、3.1 倍。

除了宏观层面，微观层面我们也可以看到中国数字经济的大发展。特别是与工业经济时代相比，例如，在工业经济时代，出行行业有 200 万名出租车司机，而从滴滴披露出来的数据来看，注册司机已经超过 1500 万名。也就是说更大的开放体系，动员了更多的社会资源参与，造成了大规模的协作体系。还有快递物流，邮政时代达到 10 亿件次已经是空前规模，今天看到整个电商驱动的包裹达到 300 亿件。互联网分布式计算让整个商业组织形式发生翻天覆地的变化。在金融领域，银行卡支付所形成的交易峰值就是 1.5 万笔 / 秒，而"双十一"支付宝的交易一度达到 12 万笔 / 秒，而且每年都在翻倍地刷新这个纪录。

中国数字经济的另外一个特征，就是小型企业在数字经济领域也取得了长足发展。澳洲会计师公会近日发布关于亚太地区小型企业发展的调查结果表明，中国小型企业在数字经济领域发展迅速。在此次受访的中国内地小型企业中，96% 的企业在商务中应用社交媒体，92% 的企业通过线上销售获取利润。

在此次受访的印度尼西亚、越南、马来西亚、新西兰、新加坡、澳大利亚和中国等市场中，中国内地小型企业在数字经济领域的发展排名第一。此外，中国内地小型企业在创新方面也表现突出，有近三成（29%）的受访企业会向所在市场或全世界推出新的产品或服务。[①]

除了已经取得的成就，中国数字经济发展也有很多的优势。比如在人工智能方面，创新工场创始人李开复指出，中国在发展人工智能方面具有"先天优势"，这些优势表现在 3 个方面。一是人才储备，高素质顶尖人才，永远是一个新兴产业得以发展的基础。目前，中国科学家已经占据了全球人工智能科研力量的半壁江山，2015年，全球顶尖期刊上发表的 43% 的人工智能论文作者里，都有华人的身影。另外，中国年轻人数学好，可以快速训练大批"人工智能工程师军队"。二是约束较少，相对来说，中国对人工智能的约束较少。比如政策上，采取的是鼓励为主，如无人车领域。三是大量资金在寻找风口，许多中国企业坐拥海量数据和充沛资金，一旦出现新的风口，他们就会一拥而上，人工智能无疑是一个良机。尤

---

① 《调查称中国小型企业在数字经济领域领先亚太市场》，中国新闻网，2017年3月8日。

其是互联网企业，为了转型升级、扩大规模，都需要引入人工智能技术。

李开复提到的人才、市场环境和资金方面的优势不仅对于人工智能的发展是一个重要优势，对于整个数字经济的发展也是重要的优势和机遇。

（二）全球科技格局中的中国科技

根据阿里巴巴的研究，未来 5 年的全球科技格局分为三大产业圈。一是拥有领先科技专利以及控制权的地方，主要是美国的硅谷、西雅图和以色列，它们拥有控制未来最重要的专利技术，包括虚拟现实、人工智能等；二是拥有巨大的商业模式创新能力的地方，以中国和印度为代表，也具有很强的战略跟随能力，比如今天阿里巴巴、腾讯的技术跟谷歌、Facebook 是比较接近的；三是拥有强大硬件制造能力（包括芯片）的地方，以日本、韩国和中国等国内部分地区为主的亚洲地区。

未来 5 年，全球制造业的第一名，一定产生在中美两国之间。虽然德国也很强，但是德国的"工业 4.0"实际上是自动化 2.0。德国人的理念是最好不要干预工厂。美国人的理念是通过一个超级人工智能中心，把生产、数十亿的消费者和数千万台的智能设备连接起来，合成一个互动的平台，这个格局是不一样的。然而在机器人的核心技术上，中国是没有专利的。未来五年机器人和 3D 打印，会对全球制造，尤其是在一些大规模、全球化的产业里面，产生巨大的影响。

在未来的产业格局里，软硬一体化，硬件的智能化、软件的泛化以及数据无处不在，基本上是未来的趋势。不管做哪个行业，唯一的区别是：在生产者所擅长的某个行业，技术成本能不能降得那么快，让所有人都能用得起。今天机器人主要还是在高档汽车行业，未来会延伸到医疗行业、教育行业，将来会进一步延伸到所有的垂直行业。像物流行业，具备应用物联网的典型场景，包括增强现实、人工智能等技术。再过五年，时代的危机就有了。中国有那么多的产业工人，很多人将被机器人所替代，这个问题怎么解决？今天生产牙刷的工厂或牙膏的工厂，可能会在五年以后被新出的创业公司用更先进的智能化的产品和方式很快打败。"95后""00后"特别喜欢为这些新技术买单，这是时代的变化。

新一轮的信息科技都是长在"云"上，未来全世界大部分的科技也都是在信息技术之上，这个是互联网平台的价值。这种趋势会导致非常集中的、控制格局的人在收敛，今天谷歌、Facebook、亚马逊、苹果加在一起，覆盖了大约40亿的人群（有部分重叠计算）。国内BAT（百度、阿里巴巴、腾讯）三家大概覆盖了15亿的人群。未来在这样的平台格局上面还会成长出很多的公司，美国之所以厉害是因为平台上面成长出了像Airbnb、推特、优步（Uber）等这样的巨型公司。新一轮中国科技进步方面，我们看到"80后""90后"这一代人创新创业的公司，例如像Face++人脸识别的公司，它的价值远远大于"50后""60后"转型的创业公司。因为上一代中国的企业家是没有天然内置科技基因的，所以在商业模式上会想得多一点。但是下一轮竞争是非常平台化、垄断化和残酷的，包括BAT在下一轮竞争中都感觉到危机很大，一个来自全球的竞争，另一个来自新创企业的竞争。像美国2～3年就会出现一个市值10亿美元的公司；滴滴在中国成立3年，就已达到300亿美元的估值。

（三）中国数字经济的挑战：关键技术专利

目前，虽然阿里巴巴、腾讯、百度等中国互联网公司已经拥有自主创新的云计算和大数据核心技术和专利，但是一般认为的 7 项影响未来的关键技术（云计算、大数据、人工智能、物联网、虚拟现实、工业机器人、区块链）的主要专利和技术控制权仍然大都集中在美国、以色列、德国、日本手里，这是中国面临的非常大的一个挑战。例如，中国有数百个做虚拟现实眼镜的生产商，有大量做物联网智能硬件的公司，也做了一些机器人，但主要的利润、专利费都交给了美国、以色列、德国、日本。

根据阿里巴巴研究院的研究，上述 7 种关键技术的专利归属大致如下。

在云计算、大数据领域，虽然阿里巴巴等中国互联网公司已经拥有自主创新的云计算和大数据核心技术，但是目前美国仍然占有市场主导地位。

在人工智能领域，全球人工智能专利数量排名中，美国、中国、日本位列前三，且数量级接近，德国第四。从人工智能专利申请受理国来看，美国以 9786 项位居全球第一，占全球专利申请总量的 28%，且专利申请大多跟算法有关。其次是中国，专利申请量达到 6900 多项，占全球专利申请总量的 20%，其专利申请着重于商业场景的应用（截至 2016 年 3 月 1 日）。

在物联网领域，技术研发主要依靠大公司，虽然中国、日本、韩国三个国家在物联网研发专利数量上占据领先地位，而谷歌公司和苹果公司的物联网专利数量虽然不多，但是两家公司已经成为物联网生态系统的主导营造者。谷歌安卓和苹果 iOS 已经完全垄断了智能手机操作系统市场。而从 2014 年开始，谷歌和苹果不约而同地将手机操作系统面向物联网领域延伸，包括智能家居、智能汽车、移动健康、可穿戴设备等。

在虚拟现实领域，美国的专利申请量最大，其次是日本、韩国、中国。值得注意的是，美国申请量比日本、韩国、中国的申请总量还多。同时必须要提到的国家是以色列，以色列凭借成熟的影像和计算机视觉产业链，专利申请比较集中于光学、传感器设计、底层算法优化等方面，而中国的创新集中于硬件头显设备和 VR 内容等。

在工业机器人领域，相关专利受理国主要是日本、中国、美国，其次是欧洲、德国、韩国。从全球主要申请人来看，排在前五的大部分是日本企业。其中发那科（FANUC）、安川（Yaskawa）、ABB、川崎（Kabushiki）、库卡几大机器人家族在专利申请储备上排在前几位。需要关注的是，美国智能机器人发展较快，高智能、高难度的军用机器人、太空机器人都已经实际应用于扫雷、布雷、勘查、站岗及太空监测方面。中国的工业机器人起步较晚，目前相关专利65%为发明专利。

在区块链领域，美欧日等发达国家在过去一年纷纷投入重金开展研究和专利申请，特别是在金融领域的应用前景备受国际各大金融机构的青睐。例如，到 2015 年年底，美银已申请逾 30 项区块链专利。

基于上述分析，我们可以看到，在关键技术方面，中国仍然有不足，这就需要我们保持清醒的认识，冷静的头脑，在商业模式创新的基础上，逐步掌握核心技术。

（四）如何应对挑战

上述核心技术缺失，对于中国数字经济的挑战是非常大的，如果没有核心技术，能够获得的利润空间将会大大受限。为应对这一调整，我们需要一些相应的措施。

一是明确"推广优势领域抢占市场、狠抓关键领域争夺专利"的策略。我国在云计算、大数据领域已经具有自主创新能力，虽然市场规模与美国公司相比还有较大差距，但是技术控制权在自己手里，因此应该加大我国云计算、大数据技术的推广力度，尽快抢占市场，培育骨干云计算、大数据企业，为与美国竞争积蓄能量。同时，在影响国家安全和国计民生的物联网、人工智能、区块链等领域，加大支持力度，争夺技术控制权。

二是找准政府与企业之间的配合点。政府侧重于购买云计算服务刺激云计算企业的发展，政府侧重于开放数据供企业开发使用，政府侧重于制定国家战略以指引企业加大研发投入，政府明确攻坚方向并推动企业之间强强联合，以"两弹一星"的精神推动我国核心技术的发展，并逐渐形成"以增量带存量、以应用带核心技术"的格局。

三是支持民营企业走出去收购国外先进技术。当前民营企业在身份上更容易得到国外机构的认同。未来国家可以成立一些发展基金，用以支持民营企业"走出去"。

数字经济与跨境贸易

数字经济所带来的技术进步、组织架构变革，使得市场主体能够以更低的成本在更大的市场范围内从事经济活动。这就意味着在数字经济时代，市场主体将越来越多地在全球配置资源，生产要素和产品的全球流动和配置将变得更加频繁。

由于数字经济下，信息传递的成本、从事买卖交易的成本、物流的成本都可以不断下降，这使得国家与国家之间、地区与地区之间的市场分割不断下降。

消费者可以在全球范围内购买他们偏好的商品和服务，而生产者也可以将其产品和服务卖给全世界的消费者。更多的购买选择、更广阔的市场，对于消费者和生产者而言，都将是极大的利好。

跨境贸易潜力巨大

根据英国经济学人智库（EIU）、世界银行和埃森哲的分析，跨境贸易正在成为经济活动中最为活跃的部分之一。在数字经济时代，这一特征变得更加明显。

如果对2014年至2020年的复合年增长率做一个估算，我们看到，全球GDP的年复合增长率大约为3%。消费品零售额的年复合增长率大约为6.1%，消费品进出口总额的年复合增长率则为8.7%。但是整体B2C电商的年复合增长率可能高达13.5%，而充满活力的跨境B2C电商的年复合增长率预计将达到27.4%。

上面是全球的情况，如果我们只看中国，中国跨境零售进出口市场的年复合增长率预计将达到50.5%。其规模从2014年的210亿美元预计将增加到2020年的2450亿美元。

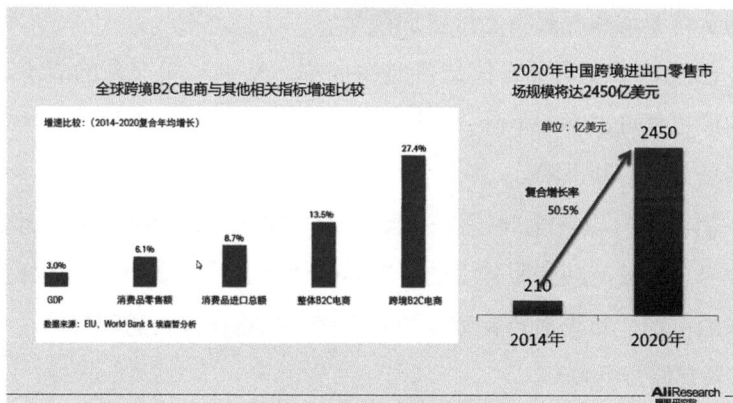

跨境电商发展潜力巨大

数字经济协助缩短供应链，提升竞争力

　　跨境贸易的增长潜能巨大，其背后的推动力在哪里呢？从下图我们可以看到，由于数字经济兴起，跨境贸易的中间流通环节已经越来越少，消费者将越来越多地与生产者建立直接联系。厂家能够直接将产品和服务卖给消费者。

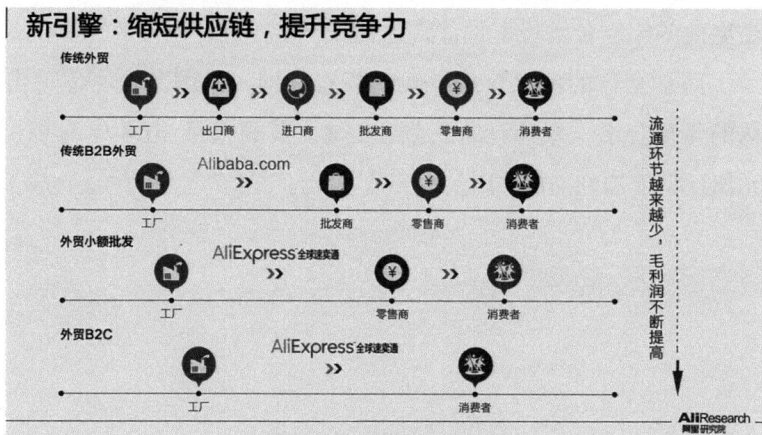

跨境贸易如何释放潜能

另外，在市场经济"一价定律"的作用下，全球市场整合程度将进一步加深，生产要素将在全球范围内进行更加高效的配置。一价定律（Law of one price）指出："假设其他条件不变，在有效率市场的情况下，任何同质物品的价值应该等同。"不考虑其产成方法或生产地等因素，即是忽略所有交易成本，如运输费用、保险费等。一价定律乃经济学上的一个基本定律，主要应用在金融及汇率计算，如巨无霸指数；或者研究国际贸易的交易条件[①]。随着交易成本的下降，一价定律发挥的作用将越来越大，国际贸易也可能迎来更大的发展。

比如阿里巴巴的速卖通业务，全球海外买家已经过亿。据速卖通提供的数据，目前这个业务已覆盖全球220多个国家和地区，过去12个月活跃买家超过6000万，移动端占比59.3%。而全球跨境B2C电商市场规模预计将由2014年的2300亿美元升至2020年的1万亿美元，同期消费者将由3.09亿人增加到超过9亿人。

eWTP——新贸易革命

数字经济的大发展，使得新的生产要素需要在全球进行配置，商品和服务可以在全球自由流动。而市场规模的扩大，是推动经济增长的重要原因。但是，数字经济时代下全球化进程特别是国际贸易依然面临很多挑战，需要政府、企业和社会更多地推动。这就要求建立起新的贸易体系。

由阿里巴巴提出的eWTP（Electronic World Trade Platform，世界电子贸易平台），是这些努力中的重要一步。这一平台是指由一个私营部门引领、市场驱动、多利益攸关方参与的国际合作平台（机制）。

定位：eWTP是一个民间企业主导、各利益攸关方参与、开放

---

① 来源：维基百科。

透明、市场驱动的国际交流合作平台，企业、政府、国际组织、学界、社群等在内的各利益攸关方在这个平台上开展合作，促进全球数据经济和电子商务的发展。eWTP 逐渐发展成为未来的全球网络经济共同体。

原则：eWTP 秉持自由、开放、透明、共享理念。有四项主要支柱：促进小企业发展、促进年轻人发展、促进消费全球化、促进普惠贸易。

机构：逐步建立 eWTP 秘书处、理事会、专家委员会和工作组等机构，适时举办国际会议、研讨和商业合作交流活动等。

内容：探讨全球互联网经济和电子商务的发展趋势、面临问题、商业实践、最佳范例、规则标准建议等，并推动得到各国政府和国际组织的支持、认可和实施。帮助有关国家根据国际经验和最佳范例，梳理本国发展状况、面临困难和改革目标，加强能力建设和完善基础设施。促进全球互联网经济和电子商务发展，打造全球网络经济命运共同体。

马云认为，eWTP 的真正的思想就是要建立起新的贸易体系，实现全球买全球卖。从宏观来看，100 多年以前世界各国之间的贸易、经济的发展是几个国王决定的。五六个国王觉得，我们国家与你们国家之间做成协议，那就开始做生意，做不了生意咱们打一场，把门打开。这是 100 多年以前的全球化。但是这 100 多年由于门被打开，整个世界经济发生了很大的变化。

马云认为，贸易是最好的沟通方式。

一年多来，eWTP 得到了国际国内社会各界特别是小企业、互联网企业、发展中国家的积极回应和高度认同。2016 年博鳌论坛期间，印度尼西亚贸易部长表示，eWTP 可以成为 WTO 的孪生兄弟和一面镜子。

　　而其中最具标志性意义的事件发生在 2016 年 G20 峰会期间，WTO 总干事阿泽维多前往阿里巴巴杭州西溪园区，向 eWTP 倡导者马云表达"携手努力"的希望。

　　这是个具有历史意义的一刻，全球最大的多边贸易组织的总干事和新贸易模式的倡导者走到一起，表达了对贸易新模式的兴趣。

　　"我们需要多行一步、多行一里路，帮助中小企业一齐参与，让它们更多地从这些平台中获益。需要为中小企业量身定做的平台，而这种平台是前所未有的。"阿泽维多在杭州西溪园区表示。

　　马云回应称，"我非常认同总干事的理念，要推动 WTO 的改革和升级。有了 eWTP 的支持，WTO 将会从 1.0 升级为 2.0，我相信我们会是 2.0 升级版的主要推动者。我也非常兴奋，eWTP 会在 WTO 的框架下、在 WTO 平台上很好地落实。"

　　这一贸易平台如果顺利建立，将在数字经济时代的全球贸易中发挥重大作用，与全球数字经济也将起到相互推动的作用。

第
三章

数字经济的基本特征

数字经济发展方兴未艾，其未来的演进过程仍然难以准确预测，但基于已有的数字技术发展和对未来的展望，我们可以归纳出数字经济的一些基本特征。这些基本特征可以归纳为三个方面。首先，数据成为数字经济中新的、关键的生产要素；其次，平台型企业成为经济活动中唱主角的经济组织；最后，数字经济将会是更加普惠的经济。

数据是新生产要素、新能源

（一）经济活动高度数据化

新兴的数字经济，最重要的特征就是高度数据化。工业时代的公司，以 IT 技术为核心实现数字化，数据的流动以及在线化范围有限，数据应用场景主要局限在以自我为中心的小的生态圈之中。数字经济时代，数据的流动与共享，推动着商业流程跨越企业边界，编织全新的生态网络与价值网络。正如埃森哲首席科学家齐韶先生所言："云计算模糊了企业内部 IT 与外部 IT 的界线，公司间传统的数据与程序相隔离的状态将有望被打破，随之将出现新的商业生态和价值网络……公司 IT 系统一旦穿过防火墙，就非常容易与其他公司的 IT 系统实现信息交流与交换，从而越过公司界线执行业务流程。"[①]

生产要素是在社会经济活动中参与财富创造的社会资源。在农业经济时代，主要的生产要素就是土地和简单的劳动力，主要是体力劳动。在工业经济时代，除了上述两种生产要素，还增加了资本，主要是机器和工厂，能源，包括煤炭、石油。而到了数字经济时代，数据成为重要的生产要素。数字经济的特征在于数据将会越来越多地参与财富创造的过程，而且数据参与越多，其所创造财富的能力就越大，呈现出一种非线性的特征。

（二）数据背后是算法

在数字参与财富创造的过程中，数据需要结合数字技术，主要是算法，另外，数字总是和产品结合在一起。因此，数字经济的运行过程中，"数据＋算法＋产品"的运作方式日益主流，并最终趋向于一个"智能化"的形态。阿里巴巴集团首席战略官曾鸣先生，在《智能商业：数据时代的新商业范式》一文中对此进行了精彩分析："用户行为通过产品的'端'实时反馈到数据智能的'云'，'云'上的优化结果又通过'端'实时提升用户体验。在这样的反馈闭环中，数据既是高速流动的介质，又持续增值；算法既是推动反馈闭环运转的引擎，又持续优化；产品既是反馈闭环的载体，又持续改进功能，

---

① 齐韶，《云计算三大预测》，商业评论网，2011年。

为用户提供更赞的产品体验的同时，也促使数据反馈更低成本、更高效率地发生。一言以蔽之，数据、算法和产品就是在反馈闭环中完成了智能商业的三位一体的。"[1]

以滴滴为例，通过大数据的精准分析和匹配，出行市场得到了很大改观。从滴滴专快车乘客端发单的应答率来看，2016年4月的平均应答率已经高达90%，即90%的乘客的出行需求都能得到响应，而传统出租车的路边扬招成功率为60%。即使在早晚出行高峰，滴滴专快车的应答率也分别达到了87%和90%。[2]

同样，"饿了么"是中国最大的在线外卖和即时配送平台，每天300万个订单、180万名骑手、100万家餐饮店，既是史无前例的计算存储挑战，又是人无我有的战略发展机遇。饿了么携手阿里云人工智能团队，通过海量数据训练优化全球最大实时智能调度系统。在基础架构层，云计算解决弹性支撑业务量波动的基础生存问题，在数据智能层，利用大数据训练核心调度算法、提升餐饮店的商业价值，才是业务决胜的"技术神器"。

（三）避免数据陷阱

数据成为数字经济核心的生产要素，但生产要素需要从数量和质量两个维度进行考查。数据的量是一个重要方面，即通常的大数据，数据的质也很重要，甚至更为关键。因为如果数据质量出现问题，就会发生人们常说的"垃圾进、垃圾出"（Garbage in, Garbage out）问题。

大数据研究专家，北京大学国家发展研究院沈艳教授也多次提

---

[1] 曾鸣，郭力，尼古拉斯·罗森鲍姆：《智能商业：数据时代新范式》，商业评论网，2016年。
[2] 滴滴政策研究院：《2015–2016移动出行便民服务报告》，2016年。

醒要注意大数据陷阱。沈艳教授分析了大数据存在的三个陷阱。陷阱一："大数据自大"即认为自己拥有的数据是总体，因此在分析定位上，大数据将代替科学抽样基础上形成的传统数据（小数据），而不是作为小数据的补充。陷阱二：相比于"大数据自大"问题，算法演化问题 (algorithm dynamics) 就更为复杂，对大数据在实证运用中产生的影响也更为深远。算法演化会产生两个问题：第一，由于算法规则在不断变化而研究人员对此不知情，今天的数据和明天的数据容易不具备可比性。第二，数据收集过程的性质发生了变化。大数据不再只是被动记录使用者的决策，而是通过算法演化，积极参与到使用者的行为决策中。陷阱三：看不见的动机。算法演化问题中，数据生成者的行为变化是无意识的，他们只是被页面引导，点出一个个链接。如果在数据分析中不关心因果关系，那么也就无法处理人们有意识的行为变化影响数据根本特征的问题。这一点，对于数据使用者和对数据收集机构，都一样不可忽略。①

在推动数字经济发展的过程中，我们不仅应该关注数据的量，更应该关系数据的质。唯有如此，才能够充分利用数据这一新型的生产要素、新能源。

平台替代公司：加速资源优化配置

数字经济的发展，也必然带来经济组织的变革。在数字经济下，最有活力的新组织系统就是平台化公司。

---

① 沈艳：《大数据分析的光荣与陷阱——从谷歌流感趋势谈起》，北京大学国家发展研究院网站。

（一）平台的核心价值

平台的核心价值在于汇集信息、精确匹配供给和需求。经济活动的基本特征之一是信息的严重不对称。从供给和需求的角度看，可能存在的信息不对称的情况包括：有需求，无供给；有供给，无需求；供给和需求都有，但相互找不到对方。平台化的功能正是将无数的供给者和需求者连接在一起，使得双方能够实现低成本的沟通，实现信息的高效流动。

除了精确匹配供给和需求外，平台还将使市场这一资源配置的机制更好地发挥作用。市场机制发挥作用，需要不断地重新配置生产要素。

经济平台化之后，供给方之间的竞争会变得更加激烈，能够更好满足需求的一方将获得更大的市场份额，而效率低、缺乏比较优势的供给方要么提升自己的效率，要么将资源转移到其他领域。平台化，将大大提高市场配置资源的效率。而资源配置效率的提升则是经济增长的重要动力。

平台在经济活动中发挥的作用使其成为数字经济的基础。依托"云、网、端"这些新基础设施，互联网平台创造了全新的商业环境。信息流不再被工业经济供应链体系中巨头所阻隔，供应商和消费者的距离大大缩短，沟通成本大大降低，直接支撑了大规模协作的形成。信息的透明使得企业信用不需要和规模挂钩，各种类型、各种行业的中小企业通过接入平台获得了直接服务消费者的机会。

随着数字经济的加速发展，平台化的公司也成为经济活动中关键的组织形态。

（二）平台与生态

平台发展之后，会形成一个丰富的生态体系。这是因为，随着规模的扩大，将推动分工的深化。自亚当·斯密的《国富论》开始，分工与专业化就被认为是推动经济增长的重要动力。而平台的发展，将使得分工和专业化大大加速和深化。分工的深化，使得经济活动的参与者能够不断地发现自身的比较优势，从而在一个很小的领域实现专业化，成为经济活动中重要的参与者。这些新兴的参与者，构成了平台上的整个生态系统。

在物种上，成熟的数字经济平台上的物种极为丰富。以阿里巴巴为例，平台为买卖双方提供了基础、标准的服务，大量个性化的商业服务，则由生态系统内各种各样的服务商所提供。目前，服务市场已聚集数万家服务商及服务者，为千万淘宝及天猫卖家提供服务，年交易规模数十亿元，提供了包括店铺装修、图片拍摄、流量推广、商品管理、订单管理、企业内部管理、人员外包等相关服务与工具几十万个。

借助数字经济平台能够实现生态系统成员之间超大规模的协作。在大淘宝的零售平台上，大淘宝平台 +4 亿名消费者 + 约 1000 万家在线商家，共同构成了一个超大规模的分工 / 协作体系。

截至 2016 年 9 月 30 日，Facebook 月度活跃用户为 17.9 亿。据百度对外发布的 2016 年第四季度财报显示，2016 年移动搜索月活跃用户数也超过了 6 亿。这种超大规模的用户数及其背后庞大的生态体系，是工业时代的公司无法比拟的。

平台和商业生态的发展也为经济学家提供了新的启示。经济学的发展一直借鉴物理学的众多概念和理论，但经济学者也逐渐意识到，人类社会与物理世界仍然存在很大的差别。物理世界虽然包含明确的规律，但不是由生命体所组成，与人类世界仍然存在根本性区别。但生物学的世界却不一样，其本质上是生命活动所形成的，在生物世界中所发现的规律，对于我们理解人类社会，理解经济规律将更有帮助。

（三）平台型企业

数字经济的平台化特征还体现在平台型企业成为数字经济中关键的参与者。平台经济体的产生有两条路径：互联网原生与跨国公司转型。谷歌（Google）、Facebook、阿里巴巴、腾讯等都是出生于互联网，不以产品作为战略导向，而是着力建设平台、培育生态，在很短的时间内获得爆发性增长。特别是在"云、网、端"的基础设施逐步完善之后，各种类型的平台经济体如雨后春笋般成长起来。未来，技术会不断拓展平台经济体的边界，可以预见随着新一代技术的成熟与应用，生于互联网且融合实体商业的平台经济体会迎来下一波爆炸性增长。

过去 10 年，科技行业跨国公司正在快速转向平台经济体，并获得了巨大的成功。以苹果为例，2008 年推出应用商店以来，吸引了近 40 万名 App 开发者加入其生态系统，开发了上百万款 App，完成了千亿次的用户下载，是苹果获得手机行业 90% 利润的决定性因素。

传统行业跨国公司也在逐步培育自己的平台经济体。在工业设备领域，以 GE 为代表的跨国公司在加速部署机器互联战略，通过终端的信息收集设备和统一的数据平台，沉淀海量的机器运行数据，将形成一个全新的机器设备运行维护的生态系统，GE 的 Predix 已初见雏形。

汽车是手机之外最重要的移动终端，车联网一直是各家整车厂商的必争之地。生态涵盖范围已经拓展到车况跟踪、全生命周期保养维护以及和汽车相关的各种消费等。

在医疗领域，除了大型医疗设备互联以外，问诊平台创新了以往纯线下的看病方式，患者在医生、就医方式方面都有更多选择。

在最传统和保守的金融行业，我们也看到了通过平台生态系统进行营销、软件开发的案例。

未来的平台经济体发展一定是双轮驱动的。越来越多的跨国公司会发现，开放共享的平台经济体的网络效应要远远超过传统的供应链优化带来的价值。跨国公司转向平台经济体是必然的，但未必是100%平台经济体化。

平台经济体产生的两条路径
（资料来源：阿里研究院）

平台经济体发展迅速，使用 2016 年 12 月 23 日的价格计算，十大平台经济体市值超十大传统跨国公司。十大平台经济体中，中国占三席。

　　十大平台经济体平均年龄仅为 22 岁，而十大传统跨国公司平均年龄达 129 岁，苹果和微软分别为 40 岁和 41 岁，刚刚步入中年，成长于 IT 时代，并紧跟数字经济时代转型；其他的基本上都在 21 岁以下，成长于 1995 年互联网时代开启之后，Facebook 甚至只有 12 岁！反观传统跨国公司，沃尔玛、伯克希尔•哈撒韦分别为 54 岁和 60 岁，成长于消费繁荣和投资盛行的年代；其他的都在 100 岁以上，花旗银行甚至高达 204 岁。

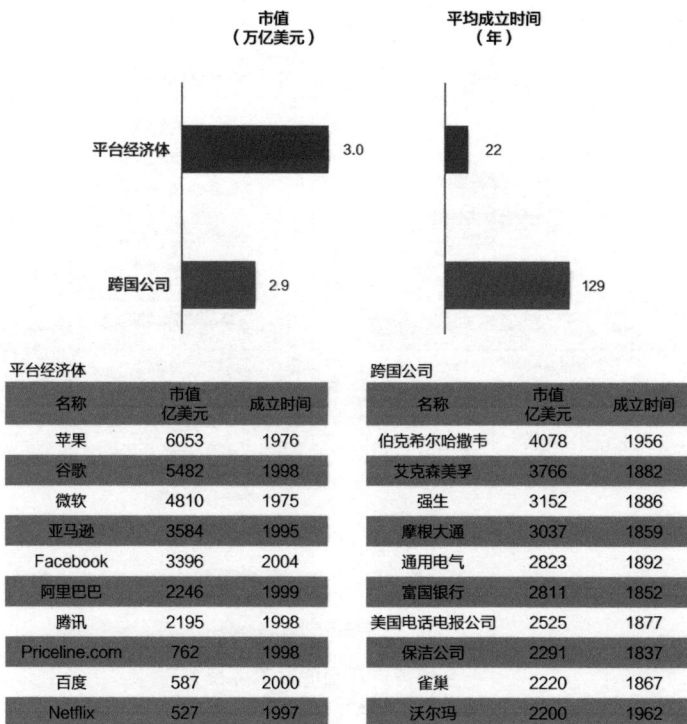

市值（万亿美元）	平均成立时间（年）

平台经济体　3.0　　22

跨国公司　2.9　　129

平台经济体

名称	市值亿美元	成立时间
苹果	6053	1976
谷歌	5482	1998
微软	4810	1975
亚马逊	3584	1995
Facebook	3396	2004
阿里巴巴	2246	1999
腾讯	2195	1998
Priceline.com	762	1998
百度	587	2000
Netflix	527	1997

跨国公司

名称	市值亿美元	成立时间
伯克希尔哈撒韦	4078	1956
艾克森美孚	3766	1882
强生	3152	1886
摩根大通	3037	1859
通用电气	2823	1892
富国银行	2811	1852
美国电话电报公司	2525	1877
保洁公司	2291	1837
雀巢	2220	1867
沃尔玛	2200	1962

*市值基于 2016 年 12 月 23 日收盘价格计算

十大平台经济体与十大跨国公司的比较
（来源：阿里研究院）

（四）平台与经济增长：资源重新配置

平台经济体的发展，一方面通过汇集大量的信息，从而为市场中的企业家和消费者提供了价格信号，帮助他们实现精确的匹配，从而降低了整个经济活动的交易成本。另一方面，在平台上，更好的产品和服务会不断地替代那些市场竞争力不足的产品和服务，其本质就是生产效率更高的企业不断地获取更多的资源，从而使得那些效率低的企业要么通过不断创新提升自己的效率，要么转型到其他行业，进而实现要素的优化配置。

根据经济学家 Foster、Haltiwanger 和 Krizan 的研究 [1]，美国制造业中 50% 的增长，零售业中 90% 的增长，都是通过新企业进入、旧企业退出这一资源重新配置的方式实现的。Acemoglu、Akcigit 和 Bloom 则认为这一估计实际上低估了资源重新配置对于美国经济增长的贡献，实际的贡献应该更高。[2] 根据 Acemoglu、Akcigit 和 Bloom 的综述，资源重新配置对于经济增长的巨大贡献在其他国家也得到实证支持。

平台经济体可以说是让市场机制配置资源的功能得到了更好的发挥，使得资源不断地从效率低的企业和部门配置到效率高的地方。

在这一过程中，不可避免地会有破产、失业，这正是市场经济本

---

[1]　Foster L, Haltiwanger J C, Krizan C J. Aggregate productivity growth: lessons from microeconomic evidence[M]//New developments in productivity analysis. University of Chicago Press, 2001: 303–372.
Foster L, Haltiwanger J, Krizan C J. Market selection, reallocation, and restructuring in the US retail trade sector in the 1990s[J]. The Review of Economics and Statistics, 2006, 88(4): 748–758.
[2]　Acemoglu D, Akcigit U, Bloom N, et al. Innovation, reallocation and growth[R]. National Bureau of Economic Research, 2013.

身所固有的特征。经济学家一般同意，作为法律制定者，应该保护的是竞争本身，而不是竞争者。但在技术快速进步，不同行业生产效率差别非常大的情况下，整个经济资源重新配置的过程也将非常剧烈。这意味着有众多的市场主体需要转换行业，众多的劳动者需要重新学习新的技能。在这一转变过程中，政府或者行业机构为这些企业和劳动者提供信息、再就业培训等，都能够使得这一转变过程变得更为平稳。

经济活动全面智能化

大数据和云计算是人工智能发展的重要支撑，而人工智能在经济活动中的应用，将会带来经济活动的全面智能化，这也将是未来经济活动的发展方向。为了更好地理解经济活动智能化的含义，我们不妨以 IBM Watson 为例，看看人工智能能够做什么。

IBM Watson[1]

Watson 是一个通过自然语言处理和机器学习，从非结构化数据中揭示洞察的技术平台。2011 年，Watson 在美国最受欢迎的智力问答电视节目《危险边缘》(*Jeopardy*) 中亮相，一举打败了人类智力竞赛冠军。如今，Watson 已经发展为一个商业化、基于云的认知系统，应用到各行各业中。

---

① 本部分内容改编自IBM官方网站。

Watson 界面
（来源：IBM Watson 官方网站）

（一）智能医疗

IBM Watson 已经帮助 Alder Hey 成为英国首家认知型儿童医院。该儿童医院可以通过分析患儿及其父母的反馈，提供定制化的看护服务，帮助孩子缓解焦虑情绪。

通过与 Watson 合作，美国的 Mayo 诊所将患者与临床试验相匹配，为患者提供前沿的治疗方案选择，同时探索全新的医疗护理模式。

美国北卡罗来纳大学 Lineberger 癌症综合中心的研究人员正与 Watson 合作，帮助癌症晚期患者选择更具疗效的全新治疗方案。通过分析复杂的基因数据和最新的研究成果，Watson 可以帮助医生发现原本可能失之交臂的治疗方案。

（二）金融科技

时间对国际业务来说至关重要，但能了解并履行所有的国际惯例并不容易。Watson 是如何做到节省时间、提高效率的呢？

在西班牙的 CaixaBank 银行，外贸专家要回答一系列有关全球业务的问题。在 Watson 的帮助下，银行专家可以实时地为客户提供更准确的业务解答。

在瑞士再保险公司，Watson 通过阅读数百万页的数据，包括讨论记录、合同或票据等非结构化数据，帮助瑞士再保险公司评估风险因素，为准确定价做出更周全的决策，助其节省成本，并提高服务质量。

（三）时尚产业

如何在价值高达 6210 亿美元的女装市场抢占有利地位？时尚品牌 Marchesa 与 Watson 携手，创造出全球首款认知礼服，使得该礼服能够思考。Watson 分析了成千上万篇文章，扫描了数百张图像，并实时从社交评论中洞察情绪，使礼服随之变换颜色，在纽约大都会艺术博物馆慈善晚宴 (Met Gala) 惊艳全场。

全球首款认知礼服

（四）制造业

韩国的大韩航空每年要处理 17 万次维修，利用 Watson Explorer 研究历史维修记录，发现数据中的趋势模型，更高效地处理问题，可以减少 90% 的工作时间。

日本邮政保险公司正与 Watson 合作，帮助无经验的员工像专家一样，准确处理索赔审核。

荷兰 Aerialtronics 公司的无人机携手 Watson，可以巡视石油钻井平台、风力发电机和移动通信塔，并进行维修预测，帮助世界变得更安全、更清洁、更经济，从而节省数十亿美元的维修费用。

澳大利亚 Woodside 能源公司的员工在操作液化天然气开采设施时，能比以往更快速地获取技术信息。Watson 分析理解了该公司数百万页的文档，只要简单问问它，刚入行的工程师也可以拥有入行 30 年的资深员工的经验。

（五）文化产业

格莱美获奖制作人 Alex Da Kid 与 Watson 合作，深入了解过去 5 年的潮流文化内容。Watson 分析了近 5 年每周排行榜的前 100 首歌曲、成千上万的推文和博客，以及数百万条结构化和非结构化数据，帮助 Alex Da Kid 重新构想自己的音乐创作过程。

（六）零售与营销

美国礼品花卉电子商务公司 1-800-Flowers.com 拥有数万亿的礼品组合和数百万的顾客。通过将 Watson 整合到其电子商务平台，能在几秒内提供完美的定制礼物选项，为客户营造更为个性化的体验。

借助 Watson，美国起亚汽车在 In uential 上开展社交营销活动，效果超过预期的 279%，另外一项联合国的社交活动则赢得了 1.2 亿次曝光和 3 万次的互动参与。

（七）无人驾驶

美国 Local Motors 公司推出了一款无人驾驶汽车 Olli。借助 Watson IoT 和多个 Watson API，可以向 Olli 提问，比如"去哪儿吃晚餐好"，Olli 能轻松作答，并前往指定地点。

（八）智慧城市

美国 OmniEarth 公司携手 Watson，只需 12 分钟即可分析 15 万幅卫星和航拍图像——比人工分析的速度快 40 倍，为当地政府部门和业主提供更精确的节水建议。

（九）教育

美国知名教育机构芝麻街携手 IBM Watson，根据不同孩子的学习习惯、能力及需求，定制个性化学习方案，充分挖掘每个孩子的潜能。让孩子们告别填鸭式教育。

根据上述 IBM 官方网站对于 Watson 的介绍，我们可以说，人工智能将给经济活动的方方面面带来巨大的改变。

数字经济推动普惠经济：科技、贸易、金融

"通用型技术进步"的特点在于，其对于整个社会整体是普惠的。在数字经济时代，这一普惠的特征将会更加明显，普惠的范围更大、效果更加显著。我们可以从三个方面来看数字经济的普惠性，分别是普惠科技、普惠贸易和普惠金融。

（一）普惠科技

在科技领域，以云计算为代表的按需服务业务形态使得个人及各类企业可以用很低成本就轻松获得所需要的计算、存储和网络资源，而不再需要购买昂贵的软硬件产品和网络设备，大大降低了技术门槛，根据阿里研究院测算，云计算的使用可以使企业使用 IT 的成本降低 70%，创新效率提升 3 倍。

云平台将使普惠计算和普惠科技成为现实，小企业创新的门槛降低到了前所未有的水平，用户、服务商、平台深度融合的"开放式创新"将成为企业创新的主导模式，以消费者为核心的、按需定产的 C2B 将成为新的商业范式。

随着数字经济的发展，小微企业、年轻人、妇女、普通个体，甚至残疾人，都可以享受到和大企业、其他人同样的待遇。数字经济为实现更为普遍的公平提供了条件，为长尾人群获得优质服务提供了可能。数字经济能够充分为小微企业、个人参与经济活动赋能。

（二）普惠贸易

在全球贸易领域，数字经济为全球带来了普惠贸易的全新局面。

普惠贸易意味着各类贸易主体都能参与全球贸易并从中获利，贸易秩序也将更加公平公正。普惠贸易包括以下几个特点：弱势群体能够参与国际贸易；贸易流程更加方便透明；国际贸易信息对称；全球消费者能方便购买来自全球任意地点的商品；贸易中的参与主体，如消费者、小企业，都能从中获益。

江苏沙集的农民网商，生产简易家具在淘宝网上销售，2015年"双十一"当天突破了1.7亿元，正是依托平台在"干中学"形成的内生优势，让他们成为这个时代的强者。在2015年阿里云计算召开的创业者大会上，一下子涌入了2万多名年轻的创业者，让人们领略了互联网平台带来的创新浪潮。

在网络的联结下，每一个个体都有权利、有机会成为数字经济活动中的活跃主体。每一个个体的创新、创业、创意、创造能力将得到极大释放，人人设计、人人制造、人人销售、人人消费、人人贸易、人人银行、人人物流等新的生产经营模式将逐步涌现，催生人类经济活动的新范式，形成人人经济的新景象。

预计未来十年，众创众设将成为企业与用户改进技术研发和产品设计的重要创新方式，用户和消费者通过网络参与研发设计，成为企业聚集智慧，提升研发设计能力的新渠道。

自然人经营权、消费权、资源获得权，将成为数字经济时代人类的重要权利。人人都有利用互联网开设网店、开网约车、售卖自家农产品、交换个人闲置物品等的权利；人人都拥有在全球范围内获得商品和服务的权利；人人都享有通过自己的信用、无须担保平等地获得贷款等金融普惠服务的权利。

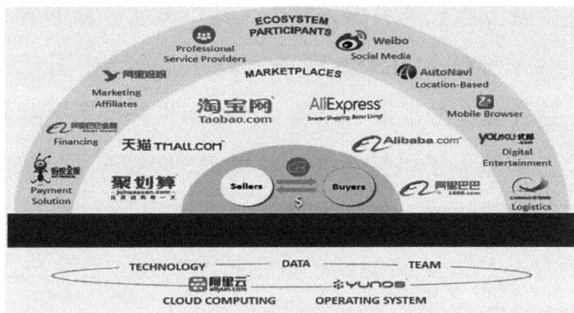

阿里巴巴与普惠贸易
（资料来源：阿里研究院）

　　另外，跨境电商快速发展、eWTP 理念得到积极认可，也是普惠贸易快速发展的例证。世界电子贸易平台（eWTP）是私营部门引领、市场驱动、开放透明、多利益攸关方参与的国际交流合作平台，共同探讨全球数字经济和电子贸易的发展趋势、面临问题、商业实践、最佳范例、规则标准建议等，促进电子商务和普惠贸易的发展。

（三）普惠金融

　　15 世纪，意大利修道士展开信贷业务来遏制高利贷，被认为是普惠金融的萌芽。自 20 世纪以来，小额贷款先后在孟加拉国、巴西等国家出现，国际上掀起一股减贫热潮，人们意识到，单一提供贷款是不够的。

　　2005 年，联合国提出"普惠金融体系"(Inclusive Financial System) 的概念。它的含义是：以有效的方式使金融服务惠及每一个人，尤其是那些通过传统金融体系难以获得金融服务的弱势群体。

　　从发展历史来看，普惠金融是一种经济理念，也是一种社会思想。它萌芽于公益但不止于公益。从 2005 年至今，发展中国家的公司、机构在普惠金融方面表现突出，赋予了这个概念以新的含义。

例如，肯尼亚的 M-PESA 业务、蚂蚁金服等中国互联网金融公司的创新，给普惠金融带来了突破。这些年来，普惠金融发生了四个变化：从公益到建立了可持续的商业模式；从局部地区到世界；从小微贷款到更为丰富的整个普惠金融体系（包括小微贷款、储蓄、支付、理财、保险等）；从人工实现到了数字技术实现。数字技术的发展实际上让普惠金融跃升到了"数字普惠时代"。

10 年前，人们很难想象可以像今天这样用手机转账、理财，也很难想象曾经只被"金字塔尖"人群享受的金融服务，如今因为互联网等数字技术的发展，可以惠及数以亿计的人。报告认为，与传统的普惠金融（例如银行、小额贷款机构等）相比，数字普惠金融无疑在可复制性上具有巨大优势。

以 2006 年诺贝尔和平奖获得者尤努斯博士在孟加拉国创立的"穷人银行"——格莱珉银行为例，在过去的 39 年时间里，格莱珉银行共计帮助了 800 万农村妇女获得 160 亿美元贷款，但由于传统小额贷款的属地化、非标准化，"格莱珉模式"很难在孟加拉国之外的其他地区复制。

相比之下，互联网技术带来的突破则令人振奋：从 2010 年的"阿里小贷"到后来的网商银行，蚂蚁金服主导的小额贷款，采用在线放款的模式，在 5 年多时间里累计为 400 多万小微企业提供了近 7000 亿元贷款。

除了可复制性，在可得性、可负担性和全面性方面，数字普惠金融也有巨大的优势。除了基础的支付服务外，理财、保险等需求也可以通过手机实现。值得一提的是，提供这些服务的金融机构、互联网公司，并不需要依靠政府补贴来维持运营——技术的进步降低了服务价格，而让更多用户能承受得起的价格，已经足以让这些机构自给自足。

"目前，蚂蚁金服拥有 4.5 亿名实名用户，这些用户除了可以享受基本的支付服务，还可以享受理财、保险、信贷、征信等服务。特别是，截至 2016 年 6 月底，蚂蚁金服在支付、保险、信贷方面服务的'三农'用户分别达到 1.5 亿、1.2 亿、2200 万。"通过蚂蚁金服方面透露的数据我们可以看出，作为一家互联网金融公司，蚂蚁金服已经成为国内数字普惠金融的代表，其服务覆盖的用户范围、服务深度已经具有相当的代表性。

2004 年，支付宝成立，解决了淘宝网上交易的信任问题。2010 年，支付宝推出的"快捷支付"让网络支付的成功率大大提升，支付宝的服务范围大大扩展。同年，"阿里小贷"面世，开始解决阿里体系内商家的贷款需求，并首创了网络贷款的"310 模式"（即 3 分钟申请，1 秒钟放贷，全过程 0 人工干预），提升了贷款效率，也降低了成本。

2013 年之后，蚂蚁金服的服务深度开始快速加深。2013 年，余额宝面世，将理财与消费打通，极大降低了金融服务的门槛，同时也给传统金融机构向数字普惠金融转型的动力。2015 年，征信业务的推出则让数字普惠金融有望拥有一个可识别、可控风险的基础：征信过程证明了"你是你"，也尽可能准确地描绘出"你是什么样的人"。在这些历史发展过程中，蚂蚁金服积累和精进了大数据、云计算、人工智能等技术，并反过来再促进数字普惠金融的发展。

数字普惠金融不仅成为一个自然的趋势，也得到了世界性机构组织的一致认可。2016 年 7 月，G20 财长和央行行长会议通过了数字普惠高级原则，并鼓励各国在制定普惠金融计划时优先考虑数字化实现。

二十国集团（G20）已经认识到普惠金融在迈向创新、活力、联动、包容的世界经济过程中的关键作用。在过去十年中，数字金融已经成功地提高了 G20 以及非 G20 国家妇女、穷人、年轻人、老年人、农民、中小企业和其他未获得充分服务的消费者群体金融服务的可得性。成功的数字普惠金融商业模式，以及新的监管规则和监管手段已经在世界范围内出现。数字普惠金融能促进经济活动参与者之间的有效联动。利用数字技术降低成本，扩大金融服务的覆盖面，深化金融服务的渗透率，将是促进普惠金融的关键。

用 G20 峰会"金融促增长"议题组成员、铜板街董事长兼首席执行官（CEO）何俊的话说，近年来在移动互联、大数据、云计算等新技术的推动下，普惠金融早已迈出数字化步伐，并以其自身优势，突破传统普惠金融数十年无法企及的目标，让金融服务变得更高效、更平等、更透明，真正惠及普罗大众。当然，在发展数字普惠金融的过程中有几个核心难题很难解决，比如，如何有效地触达更多的用户、获得良好的客户群体覆盖问题；覆盖的成本能不能是一个合理的成本，能不能可持续；信息获取的成本方面，如何提高信息透明度，降低风险管理的成本。

在何俊看来，金融与科技的融合将为金融领域带来三个方面的变化：第一，移动互联彻底改变用户触达的传统方式，可以在很短时间内触达数以亿计的用户，实现了普惠的"普"字；第二，云计算提升计算的效率，极大降低了计算成本和交易成本，形成了"惠"字；第三，大数据技术解决信息不对称，让信息变得更加透明，极大地提高了风险管理的能力。

第四章

数字经济时代的基础设施

基础设施（Infrastructure），也称公共设施，是指为社会生产和居民生活提供公共服务的物质工程设施，它是社会赖以生存发展的一般物质条件。

一个新的经济时代的到来，总是由其占主导地位的通用技术所驱动。在工业经济时代，其主导的通用技术是电力、工厂等。在信息经济时代，其基础设施是互联网、电脑等。

而到了数字经济时代，前面提到的基础设施当然会继续发挥作用，但新的基础设施也将兴起。在已经或正在兴起的技术中，能够在数字经济时代发挥基础设施作用的技术即我们在第一章中提到的通用技术。在数字经济时代，重要的通用技术至少包括大数据、云计算、人工智能、物联网、5G通信等，不同的基础设施都发挥着重要的作用，这里我们只介绍更为基本的人工智能、大数据和云计算这三种。

大数据

关于大数据的讨论非常多，今天，大数据已经不再停留在理论层面，而是已经实实在在地在经济活动中发挥作用。

这里讨论的是，在数字经济时代，作为新基础设施的大数据，其作为新能源的含义、主要特点、发展现状和发展趋势。

（一）大数据是新基础设施、新能源

工业经济时代的能源概念更多的是指以石油和煤等自然物质资源为代表的能源，而我们所提到的新能源则是指人类自己创造的能源——数据。数据是物理世界在虚拟空间的客观映射，伴随着互联网和物联网的发展，人、事、物都在实时被数据化，人与人、物与物、人与物之间瞬间就会产生大量的数据，伴随着云网端等新技术的发展尤其是物联网设备的无所不在，数据量、数据种类更是呈现出快速增长的态势，新能源与新技术相辅相成，共同发展，也支撑着新零售、新制造和新金融等多个新产业的到来。

（二）数据新能源的主要特点

大数据作为基础设施和新能源，具有以下特点。

（1）共享性和可复制化：真正的大数据由于产生于互联网之上，因此数据与其他能源的差异在于，数据具有天然的共享性，可以比较容易低成本地被复制，而数据资源的出让者并未在出让的同时丧失出让数据的使用价值。

（2）外部性与递增性：数据的外部性体现在不只在某个机构或

组织内部发挥作用，而通过数据流动和融合往往能够激发新的生产力，带来新的商业价值，而且数据在使用的过程中非但没有被消耗，还因使用而产生新的数据，呈现出边际生产力递增的趋势。

（3）混杂性和实时性：互联网数据随时随地都在产生，数据体量浩大、形态多样，与以往的数据相比，呈现出结构化、半结构化、非结构化多种形态混杂的特点。

（4）要素性：数据成为一种新的生产要素，通过数据要素可以激活和提高其他要素的生产率；加速劳动力、资金、机器等原有要素的流动、共享；利用数据可以提高全要素生产率。

（三）新能源的发展现状

中国大数据发展正处在初步阶段。从整个生态来看，围绕着数据的收集、存储、管理、分析、挖掘和展现等不同功能，逐渐出现不同的角色：从数据生产者、数据提供者、数据服务提供者、第三方数据市场、大数据解决方案提供者到数据消费者、数据资产评估机构等多个物种，都在完善和丰富着大数据的生态世界。

目前的创新领先者，大都围绕着数据技术、行业解决方案提供者和数据服务提供者的角色。以阿里巴巴为例，已经基于淘宝和天猫的大量消费者和商家数据，支撑起了蚂蚁小贷业务、芝麻信用等相关业务。另外，阿里巴巴同时也是基于阿里云的大数据解决方案提供者，可以为用户提供数据产品技术服务。此外，数据分析服务也是现在最受关注的领域之一，Metamarkets、Gooddata、Domo 等创新企业都是以数据的分析和展现云服务模式而出现的。

数据变现以及数据交易在 2015 年变得火热，以贵州、武汉、哈尔滨等省市为代表的大数据交易中心纷纷成立。数据可否成为一种无形资产通过第三方交易市场进行交易还非常值得探讨，主要由于数据本身的边际成本低以及可复制性并不等同于工业时代的传统商品定价模式。同时数据的外部性使得数据在不同场景下价值存在巨大差异，因此数据资产的评估变得异常困难。

丰富、鲜活、真实的全量数据是未来经济生活的完整映射，因此在处理和分析数据的过程中，数据质量的保证变得异常重要，同时在数据的全生命周期中，数据拥有者有责任采取必要的技术、规章制度和组织保障数据安全和个人隐私。

（四）数据新能源的发展趋势

全世界范围内，数据作为新能源，所驱动的经济变革刚刚萌芽，数据对传统产业的改造升级日益深化，社会生活、商业版图、政府治理和世界格局将因数据而被重构。我国正处于工业经济和信息经济交织发展的关键阶段，数据的开放、流动与共享将有助于深入挖掘数据要素潜力、充分释放数据红利，培育经济增长新动能。

对数据这种如同石油的新能源来说，第一步是矿源的发现和采集；第二步是通过实现自动化和智能化的数据加工、处理技术从多个矿源中提炼出不同层次的数据集；第三步是实现数据服务的场景化和市场化，由于不同场景的数据需求特点差异较大，搜索、推荐、运营、客户服务、信用风控等场景需求推动不同矿源的融合和价值发现。

作为新能源的处理核心，新技术的发展使得数据量以前所未有的速度增长，但同时大数据的发展也会催生很多新技术。比如，区块链与大数据的发展相辅相成，区块链采用分布式记账系统，通过去中心化技术，能够在大数据基础上完成算法背书、全球互信的目标，通过价值和货币的数字化，实现信息互联网向价值互联网的转变，实现虚拟和物理世界的一致性。

虽然产生于互联网，但今天大数据的价值已逐渐在金融、医疗、消费、电力、制造等几乎各个传统行业中显现出来。随着大数据领域的新产品、新技术、新服务不断涌现，行业的大数据价值凸显出来，大数据价值如同互联网的扩散一样开始从离消费者最近的行业扩散到更加后端的生产制造等行业。

云计算

（一）云计算为什么成为基础设施

随着大数据、云计算的发展，整个互联网正在从信息经济向数字经济时代演进。在数字经济时代，云计算成为核心的基础设施，能最快拥抱云计算的开路先锋将抢占核心竞争力的高地。

人类历史上的每一次科技革命，都是分为科技创新、商业创新两个阶段，上半场变革是发明单体产品，实现某个新兴产业从"0"到"1"颠覆自身，下半场变革则是新科技网络普及，帮助所有行业、所有地区应用新科技，加速从"1"到"N"，无论是铁路网络之于蒸汽机、电网之于发电机，还是公路网络之于汽车、互联网之于计算机，都是因为网络将全球最领先的科技能力输入千家万户，让每一个企业受益。

在数字经济时代，连接网络已经成为很普遍的事情。一个人无论在多远的地方，一个企业无论多么微小，都能够通过互联网调用全球最强大的计算能力"云计算"更好地工作和生活，如20世纪的电力一样，计算将成为未来一百年中取之不尽、用之不竭的通用公共服务，各行各业的数据经过计算深加工后产生不可限量的商业价值，云计算正在创造新的数字经济世界！阿里云总裁胡晓明认为，"云计算成为普惠科技，数据驱动的创业变革已经发生"。

云计算成为基础设施主要原因如下所示。

公共云全面加快软硬件一体化发展，真正推动 IT 服务化进程

软件、硬件一体是 IT 发展的趋势之一，公共云可以作为软硬一体的"黏合剂"，通过公共云，软硬件之间的融合和一体化变得容易。公共云负责管理好所有硬件资源，各软件可以通过与云接口，便可实现软硬一体的目标。

IT 服务化的趋势早在多年前就被业界所公认，SaaS（软件即服务）、PaaS（平台即服务）、IaaS（基础设施即服务），一切皆服务。随着软硬一体化不断深化，IT 将以服务的形式展现在用户面前，而不会区分软件服务、硬件服务。不论何种服务，都需要一个载体，而公共云就是这个载体。

根植于公共云的 IT 技术，其应用与创新必须依托公共云

大数据、人工智能等 IT 新技术，其发展伊始便根植于公共云，严格来说，如果脱离公共云，就不存在大数据和人工智能。互联网、移动互联网、物联网等网络的普及和发展，产生了大量数据，大数据的汇聚需要承载平台，而大数据的应用也需要计算平台，理论上说，只有公共云能扮演这一平台的角色。人工智能是基于大数据发展起来的，脱离网络和数据，人工智能便不复存在，因此，人工智能发展也必须依托公共云。

公共云是"融合"的平台，一切"联通"的接口

在数字经济时代，融合是必然趋势，软硬件要融合，IT 产品和服务要融合，工业化和信息化要融合，产业链各环节之间要融合，行业和行业之间也要融合。各类网络的发展，为融合提供了通道，但通道仅能实现数据之间的交互，无法实现数据的融合与应用，而公共云恰恰可以承载这样的融合与应用。除了融合之外，公共云还可以作为一种更加便捷的联通方式，各用户通过与公共云连接，便可以同时实现与产业链、各行业，以及所有用户之间的联通。所以说，公共云既是平台，也是接口。

（二）中国云计算发展现状

2015 年 4 月，工业和信息化部印发《云计算发展三年行动计划（2017-2019 年）》（下文简称《计划》）。《计划》提出，按照工业和信息化部统计口径，2015 年云计算产业规模 1500 亿元。《计划》设定云计算产业发展目标，到 2019 年，我国云计算产业规模达到 4300 亿元。根据工业和信息化部的统计口径和目标，2015-2019 年云计算产业规模年复合增长率达 30%。

谷歌曾经预测："世界上所有生意最终都会运行在云上。"基于阿里巴巴建立的云栖指数数据，"中国创新地图"呈现 14 个不同行业的 Top5"中国云创城市榜"。北京堪称"全领域明星"云创城市；上海是"互联网金融之都"；杭州是"电子商务""互联网＋政务"云创城市；广州是"互联网＋教育"云创城市；深圳是"物联网"云创城市；成都是"互联网＋医疗健康"云创城市；而后起之秀则包括"网络游戏"云创城市重庆、"互联网＋旅游"云创城市苏州、"通信社交"云创城市厦门、"能源／交通运输／生产制造"云创城市西安、"O2O"云创城市南京。各个行业对云计算力的需求量不同，2015 年消耗云计算资源最大的 Top5 垂直领域依次是软件开发、网站、电子商务、游戏、通信社交。

以省级地区为单位，全国云上的创新效能与资源聚集在北京、广东、浙江、上海四个地区，其消耗的云计算资源、使用的数据规模、交互的网络流量都远高于其他地区，成为 DT 中国名副其实的"创新高地"，北京在云计算力、数据规模、云服务投资三方面遥遥领先，广东省的云应用创新与需求十分活跃，浙江省、上海各方面发展相对均衡；另外，江苏、山东、福建、四川、河南的创新能力正在迅速崛起，本地大众对云应用的需求旺盛，推动云计算的消耗量不断上升。

在企业层面，作为中国云计算领军企业，全球三大云计算提供商之一的阿里云，已经连续六个季度增速领跑全球，中国市场绝对领先。其面对 22 个垂直行业，共提供超过 108 个解决方案。腾讯、百度、奇虎 360 等也在云计算领域加大投入。

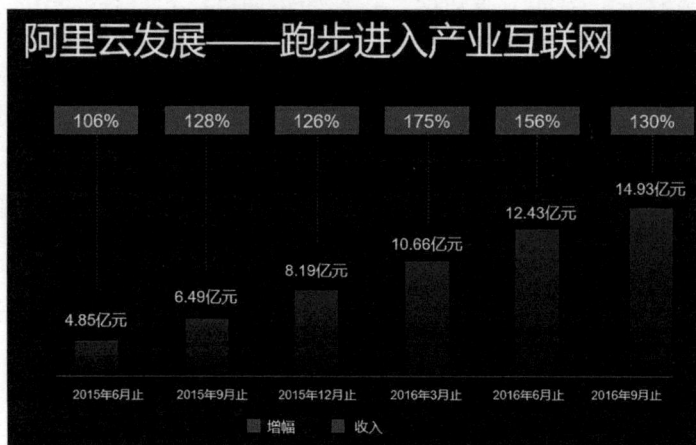

阿里云发展趋势

阿里云最大的目标是服务于各行各业的基于数据智能的创新，包括未来人工智能和各个行业的叠加。助力数字经济，例如政府治理，做城市大脑；帮助工业制造企业实现智能化，包括产品智能化、服务智能化、生产智能化，要把云计算、大数据的能力下沉到整个制造业的基础中。未来云计算将是一个技术基础设施，云是各行各业进入数字世界的载体。

（三）云计算之发展前景

到 2020 年，云计算将会推动视觉革命、生命科学、数据创新、共享经济、智能物联、智慧城市六大热点领域的技术创新、商业变革，涌现下一代创新型"独角兽"。千亿美元的视觉革命呼之欲出。

视觉革命

自从第一台计算机诞生开始，人类对视觉效果的极致追求从未满足，在影视、游戏中利用最新的数码软硬件技术创造丰富多彩的"理想国"。高盛在 2016 年 1 月发布的《虚拟与增强现实：了解下一代计算平台的竞赛》中预测，截至 2025 年增强现实（AR）和虚拟现实（VR）硬件、软件营收将达 57 亿美元，如果它们迅速跳出小众市场走向大众，年营收最多可以达到 1820 亿美元，而 TV 市场只有 990 亿美元。动画（Animation）、漫画（Comic）、游戏（Game）组成的 ACG 产业，在 2015 年超过 1400 亿美元，并且正在超过美国成为全球最大电子游戏产业国、动漫强国；另外，显示终端正在从 PC、游戏机向移动设备、可穿戴设备升级，VR（虚拟现实）、MR（介导现实）产品正在全球试水。"视觉革命"的背后是"计算革命"，云计算成为 ACG 产业推进器。

全球的商业资源大量投入在"视觉革命"中，例如近两年，谷歌收购了在线特效和渲染服务公司 Zynk，Zynk 在《星际迷航 2：暗无界》中负责特效渲染；微软收购了新西兰云渲染和高性能计算解决方案提供商 GreenButton，将其整合在微软的 Azure 云平台中；亚马逊收购了游戏视频网站 Twitch；影视特效和虚拟现实云渲染公司 OTOY 被谷歌董事长施密特等人注资；Facebook 投入 20 亿美元收购 Oculus VR 公司。

生命科学

互联网、云计算、大数据的新科技普及，大幅推动生命科学商业化进程。2016 年生命科学在医疗领域取得诸多技术突破，美国政府宣布投入 2.15 亿美元用于"精准医疗计划"（Precision Medicine Initiative），Facebook、谷歌等科技公司也积极开展此领域投资。中国版精准医疗计划即将启动并投入巨资，包括精准诊断、精准治疗两个方面。精准诊断的重要技术是基因测序。不同患者对疾病易感程度的差异和对药物敏感性不同的主要原因，是人的基因多样性造成的个体生理特征差异，因此开展精准医疗必须以分子诊断技术为依托。

研究表明，基因测序市场将保持快速增长，从 2007 年的 794.1 万美元增长到 2018 年的 117 亿美元。2001 年，6 个国家科研团队耗时 11 年，花费 30 亿美元，共同发表了首个人类基因组工作草图；2007 年，科学家只需 100 万美元就能完成一个人体基因组的测序工作；2013 年，这一价格已大幅降至 2500 美元。而 2015 年此成本继续缩减至不到 1000 美元，测序时间只需要几天。随着下一代基因测序、生物质谱和医学成像等医学技术的迅猛发展，大数据浪潮为生物医学带来了前所未有的机遇，将根本性地改变生物医学基础研究和医疗实践。一个人的基因组检测大约需要产生 90GB 的数据，生命科学领域数据爆炸式增长，也对海量数据的计算、存储和分析提出新的挑战。云计算将大量计算资源、存储资源和软件资源虚拟化，形成规模庞大的共享资源池，可以有效解决生物医学对 IT 资源的弹性需求。阿里云在生命科学领域正在发挥越来越重要的创新赋能作用。

　　基因版"本草纲目"：中国新生儿出生缺陷率较高。每年 1600 万～ 2000 万的出生人口中，有 80 万～ 120 万出生缺陷儿。1996 年到 2010 年，中国新生儿出生缺陷发生率增幅达 70.9%，每一万名新生儿中就有 149.9 人患有先天性缺陷。为改变中国下一代的身体健康，国际领先的基因测序临床转化服务商贝瑞和康生物技术股份有限公司采用阿里云技术，打造以海量的中国人群基因组数据为核心的"神州基因组数据云"，目前已包含超过四十万份基因组数据。该项目首先在阿里云平台上调动海量计算资源，对这些个人基因组大数据进行批量计算、分析、存储，通过对该数据资源的深入挖掘，进一步揭示中国人群遗传突变分布。这将极大助益于提升中国人遗传疾病诊断的效率和精准程度，相当于建立起一个中国人基因版的云端"本草纲目"，记载中国人群最核心的基因信息、生命信息，为中国人群重大疾病的预测、预防、诊断和治疗奠定基础，其意义不亚于《本草纲目》这部东方医药巨典。

　　云之稻：为非洲和亚洲资源贫瘠地区培育绿色超级稻，中国农业科学院、阿里云计算有限公司、华智水稻生物技术有限公司、北京聚道科技有限公司共同推动"云之稻项目"，共建最全面的"水稻功能基因组和育种信息数据库"与高效水稻基因型分析技术平台，并将 3000 份水稻基因组测序数据和种质资源在云上无偿向外界共享，是迄今为止全世界最大的植物基因组测序项目。3000 份水稻基因组测序项目分析得到的数据量达到几百 TB。生物学研究进入了大数据时代，需要全世界所有科学家和有兴趣的人士参与进来分析挖掘，在阿里云平台上通过对象存储服务（OSS）提供的免费存储和下载服务，Rice3K 项目的水稻基因组数据可以随时为全球科学家所用。

数据创新

根据 IDC 数字宇宙研究报告分析，到 2020 年中国拥有的数据量将占全球的五分之一（20%），飙升至 80.6 亿 TB，2020 年以中国为代表的新兴市场数据规模将于 2017 年超越以美国为代表的成熟市场，生产并利用全球 60% 的数据量，有效地利用云计算、大数据等全球领先技术，推动中国从"数据大国"向"数据强国"挺进，势在必行。

在数字经济时代，计算驱动的数据能力是国家生产力，数据资产成为企业弯道超车、跨界竞争的有力手段，DT 经济正在为各行各业带来巨大的创新空间。中国信息通信研究院发布的《2015 年中国大数据发展调查报告》显示，2015 年大数据产值为 115.9 亿元。预计未来 5 年，我国大数据市场发展空间超过千亿元，在 2016 年中国的数据创业正在全面爆发，更多创客将参与到为政府、企业提供数据服务、数据能力、数据交易、数据撮合中来，逐步形成立足各行业商业价值的数据产业。

数据创业是人才密集、技术密集型的云上大众创业机会。由阿里云支撑的"阿里巴巴天池大数据平台"，每年都发起天池大数据竞赛，是全球最大规模的数据科学领域赛事。

（1）2014 年"阿里巴巴第一届天池大数据竞赛"，以天猫"双十一"推荐算法为题目，吸引全球 14 个国家共 7276 支队伍报名参赛，其中包括 148 支海外队伍，最小选手是年仅 17 岁的高中开发者，学生做的算法比阿里巴巴算法工程师做的还要好，直接被阿里巴巴采用，百万元大奖的冠军获得者是中科院研究生王涛，他随后创立杭州宇泛智能科技公司，利用云计算研发出智能视觉和语音服务产品。

（2）2014 年"云上贵州智慧交通算法挑战赛"共吸引全球 8615 支队伍参赛，脱敏后开放贵州交通数据，汇聚国内外技术极客智慧分析车流大数据，智能红绿灯算法优化后将所有车辆等待时间减少86%，大赛亚军获得者是法国国立路桥及东巴黎大学毕业生刘哲，比赛结束短暂的实习后，他和小伙伴创立了深圳马路创新科技有限公司，利用大赛大数据研究成果延伸开发出"电商智能仓库存储系统"，大数据参赛团队也成为贵州省大数据产业创新的"火种"与重点扶植对象。

（3）2015年陆续举办了"移动推荐算法大赛""资金流入流出规则大赛""淘宝穿衣搭配大赛""天池云栖24小时赛"，全球报名人数超过2万人，移动推荐算法大赛亚军、中国人民大学研究生江少华，成为2016年阿里校园招聘的"阿里星"（天才校园极客的技术培训生计划）。

以天池大赛为代表的云创平台，吹响了数据创业号角。截至2015年11月，阿里巴巴天池大数据平台注册用户数为3万名开发者，共覆盖世界五大洲40多个国家/地区的1500所学校，其中"90后"占比约80%；45%的选手是在实验室学长或同年级同学的推荐下参与了天池大赛；82%的选手会使用到平台沉淀数据进行科研。

2017年3月29日上午，在阿里云栖大会深圳峰会上，阿里云与英特尔、零氪科技联合宣布，启动天池医疗人工智能（AI）大赛，大赛第一季将向早期肺癌诊断发起挑战。

此次大赛第一赛季总奖金池共100万元人民币。天池官网于当天开放报名，预计将在9月25日完成答辩决出冠军团队。冠军团队不仅能得到奖金，其算法还有望在实际诊疗中得到应用。由数十家三甲医院的专家组成评审团将为此次活动提供学术支持，确保训练数据的质量，并参与赛程中的关键赛点，提供专业的医学和影像学指导及评判等。

　　天池是全球规模最大的众智平台，汇聚了6万多名人工智能（AI）算法科学家。全球领先的医疗大数据平台零氪科技为大赛提供经脱敏处理并由专家标注的高清胸部CT扫描影像数据，选手需要通过原始CT影像图片训练模型算法得到结节特征，最终实现对影像图片结节区域的智能化判断。

共享经济

　　互联网一贯倡导的共享与现实社会的经济相融合，诞生的"共享经济"正在撬动全球海量的存量经济体，据瑞士信贷集团预测，截至2025年，全球"共享经济"市场规模将达3350亿美元，商业服务、金融服务、交通出行、旅游休闲是共享经济模式应用最广的四个领域，2015年，35%的"独角兽"公司是共享导向型企业，目前估值总和达2190亿美元。Havas市场调研公司分析表明，18～35岁的年轻人最热衷使用或提供共享服务，35～54岁的中年用户也是主要参与力量。

　　云计算是共享经济诞生的摇篮，没有云计算就没有弹性商业扩展能力。在共享经济互联网平台上，采用云计算、大数据匹配海量供需，充分复用社会闲散资源，利用移动互联网建立信用评价体系、大幅降低交易边际成本，以超越纯线下模式的服务性价比，为广大用户提供个性化的分层消费体验。国内外创业者资金紧张、IT技术相对薄弱、运维投入不足，在阿里云上创业可以获得质优价廉的基础计算资源和成熟可靠的技术支持，不用重新发明"轮子"，据赛迪研究院分析，"云创模式"能够节省70%的创新成本，提升300%的创新效率。

人工智能

（一）作为基础设施的人工智能

人工智能是研究、开发用于模拟、延伸和扩展人的智能的理论、方法、技术及应用系统的一门新的技术科学。学界和业界对人工智能的理解众说纷纭，我们从应用、驱动因素、表现方式、与人的关系四个维度做了总结。

根据人工智能的应用，人工智能可以分为专有人工智能、通用人工智能、超级人工智能。根据人工智能的内涵，人工智能可以分为类人行为（模拟行为结果）、类人思维（模拟大脑运作）、泛智能（不再局限于模拟人）。

人工智能的驱动因素包括算法／技术驱动、数据／计算、场景和颠覆性商业模式驱动。其承载方式包括技术承载方式：单机智能、平行运算／多核智能、高度分散／群体智能。

人工智能表现方式分为云智能、端智能、云端融合三种。其与人的关系分为机器主导、人主导、人机融合三类。

总结人工智能的多种内涵，现阶段，人工智能从专有人工智能向通用人工智能发展过渡，由互联网技术群（数据／算法／计算）和场景互为推动，协同发展，自我演进。在这个过程中，人是主导者（设计解决问题的方法），参与者（数据的提供者、数据反馈的产生者，也是数据的使用者），也是受益者（智能服务的接受方）。人工智能已不再局限于模拟人的行为结果，而拓展到"泛智能"应用，即更好地解决问题、有创意地解决问题和解决更复杂的问题。这些问题既有人在信息爆炸时代面临的信息接受和处理困难，也有企业面临的运营成本逐步增加、消费者诉求和行为模式转变、商业模式被颠覆等问题，同时还有社会亟待解决的对自然／环境的治理、对社会资源优化和维护社会稳定等挑战。

（二）人工智能的发展和应用趋势

咨询公司 Venture Scanner 统计，2016 年全球人工智能公司已突破 1000 家，跨越 13 个子门类，融资金额高达 48 亿美元。在这 13 个子门类中，研究机器学习（应用）的人工智能公司数目最多，达 260 家，约占整个行业的 30%。从区域分布情况来看，欧美等西方国家发展较为迅猛，其中美国以 499 家人工智能公司占据绝对主导地位，且初创公司数量众多；而以中国为首的发展中国家在人工智能领域显然仍处于起步阶段，真正布局该产业的公司较少，以传统互联网巨头进军人工智能领域为主。

《全球人工智能发展报告（2016 智能）》显示：中国人工智能专利申请数累计达到 15745 项，列世界第二；人工智能领域投资达 146 笔，列世界第三。

麦肯锡预计，至 2025 年人工智能应用市场总值将达到 1270 亿美元。

人工智能的产生具有坚实的科学理论基础。算法、数据和计算三大基础要素共同驱动人工智能发展。其中算法是机器实现人工智能的核心，计算能力和大数据是人工智能的基础。长期以来，人工智能的突破主要依赖于算法性能的提升，近年来主要有工程学法和模拟法实际应用在人工智能技术中，推动人工智能开始发展至感知智能阶段。而第三次技术革命以来计算机、互联网在数据生成、采集、存储、计算等环节的突破，为人工智能进入高速发展阶段提供了坚实的基础。

2012 年，IBM 公司的 Watson 一举击败两位人类选手，获得智力挑战赛 Jeopardy 的冠军，在比赛中，Watson 展示超强的自然语言处理能力，使 Watson 俨然成为当时人工智能的代言人，自此人工智能进入普通大众的视野。

2016 年，AlphaGo 打败李世石成为棋王，在社会上引发了人工智能热潮，随后人们发现，原来微软、Amazon、FaceBook、IBM 早已在人工智能领域布局多年，还成立一个人工智能合作组织（Partnership on AI），保障人工智能在未来能够安全、透明、合理地发展。另外，国内的 IT 巨头百度、阿里、腾讯也在奋力直追。

根据阿里云研究中心和波士顿咨询公司的研究报告，从人工智能的技术突破和应用价值两维度分析，未来人工智能将会出现三种情景。

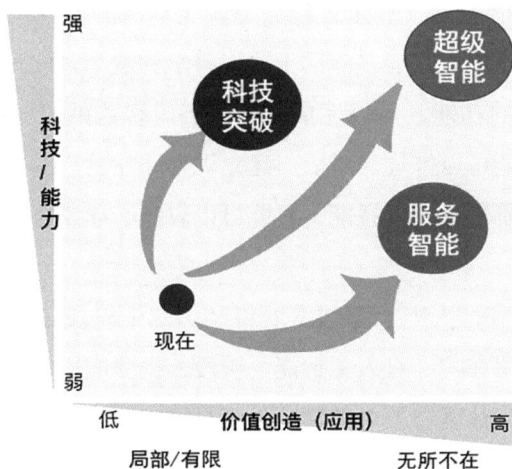

人工智能发展趋势
（来源：阿里研究院）

情景一： 服务智能

在人工智能既有技术的基础上，技术取得边际进步，机器始终作为人的辅助；在应用层面，人工智能拓展、整合多个垂直行业应用，丰富使用场景。随数据和场景的增加，人工智能创造的价值呈现指数增长。

情景二：科技突破

人工智能技术取得显著突破，如自然语言处理技术可以即时完全理解人类对话，甚至预测出"潜台词"。在技术创新的领域，现有的应用向纵深拓展，价值创造限制在技术取得突破的领域。

情景三：超级智能

人工智能的技术取得显著突破，应用范围显著拓宽，人机完全共融，人工智能全面超越人类，无所不在，且颠覆各个行业和领域，价值创造极高。

人工智能的现在和未来趋势与智能本身的客观规律相契合。最浅层的智能是专有智能，借助于数据科学和数学，实现了解、学习、预测、增强的功能，可以完成具体任务。智能的第二阶段是深度通用智能，智能可以推理、对话、建立规则并在更广的范围运用规则。智能的最高阶段是超级智能，智能可以思考、导演事实走向、改变并增加规则。

与之对应，人工智能的发展将经历四个阶段。到目前为止，人工智能还停留在"专有人工智能"阶段，主要应用是完成具体任务，例如"识别病灶医学图像并判断是否是肿瘤"。现阶段，人工智能将逐渐向"通用人工智能"过渡，应用于完成复杂任务，如"识别医学图像，并快速诊断疾病（不限于肿瘤）"，这种应用更广泛的服务智能将在未来 3 ~ 5 年的中短期内实现。但是，服务智能下的人工智能只可以判断并满足用户的需求，还不足以改变用户行为。中长期内，随着技术显著突破，人工智能将逐步发展为"抽象人工智能"，在基础科技取得重大突破后，人工智能可以理解用户情感，从而改变用户行为，例如"说服慢性病患者坚持按医嘱服药并在患病后改变生活习惯"。最终，人工智能将发展为"超级人工智能"，全面超越人类，通过技术突破和广泛的应用，预测并预先改变消费者的行为，例如"预先说服用户改变不良生活习惯，预防慢性病"。

综上所述，服务智能将成为未来 3 ~ 5 年内人工智能应用的核心趋势。在服务智能方面，人工智能会取得边际技术进步，如算法突破，小数据训练或分布式算法（不从数据开始训练，直接下载智能）成为可能；或者，图像识别或自然语言处理技术取得边际突破，对数据结构化的要求降低。

人工智能的应用将更加广阔，例如综合天气、土壤变化数据和大宗商品交易行情，人工智能可以为农业决策，选择今年最有经济效益的种植品种；或者，图像识别技术突破后，机器人可以识别消费者微表情的变化，从而预测消费者的情绪。人工智能的应用将更有深度，产生新的社会、商业和个人生活模式，创造巨大的商业价值。人工智能的发展也将更为融合：实现"感知/交互—正确理解—自主决策—自我学习"的实时循环；数据传输速度实现质的飞跃，云端将无缝融合；介入式芯片等新的硬件形式将出现，甚至实现人机共融。

在服务智能情景下，数据可得性高的行业，人工智能将率先用于解决行业痛点，爆发大量场景应用。医疗、金融、交通、教育、公共安全、零售、商业服务等行业数据电子化程度较高、数据较集中且数据质量较高，因此在这些行业将会率先涌现大量的人工智能场景应用，用以解决行业痛点。

对人工智能而言，医疗领域一直被视为一个很有前景的应用领域。基于人工智能的应用在未来数年内能够为千百万人改进健康结果和生活质量，例如临床决策支持、病人监控、辅导，在外科手术或者病人看护中的自动化设备、医疗系统管理，慢病用药和生活管理等。

在金融领域，智能个人身份识别将用于解决金融安全隐患，智能高频交易将用于提高金融决策效率，智能投顾将帮助金融机构开拓用户。

在交通领域，人工智能将应用于无人驾驶、智能汽车、交通规划等场景，用于解决目前交通行业普遍存在的驾驶感受差、道路严重拥堵等问题。

在教育领域，K-12线上教育以及大学配套设备等人工智能应用已经被学校和学生广泛使用，机器人早已经成为广为欢迎的教育设备，智能辅导系统（ITS）也成为了与科学、数学、语言学以及其他学科相匹配的学生互动导师。

在公共安全领域，人脸识别将广泛应用于安防监控，无人机、预测警务应用可以应用于反恐、维护公共治安等场景，用以解决公共安全隐患。

在零售领域，人工智能将提供精准搜索和推荐，智能导购将降低营销成本，提升用户体验，从而迎合消费升级和消费者日渐成熟的趋势。

在商业服务领域，人工智能已广泛应用于个人智能客服和企业智能助手，未来人工智能还将拓展到人力、法律等专业服务领域。

（三）人工智能应用的案例

"法小淘"

在2016云栖大会首次开设的法律专场"云栖法律之光——DT时代的云数据丈量"主题活动上，无讼创始人蒋勇宣布"法小淘"正式诞生。

"法小淘"是无讼新推出的一款人工智能产品，是国内首款法律机器人，已经在无讼法务产品中使用，目前已能够基于法律大数据实现智能案情分析和律师遴选。

产品发布会上，展示了这款法律人工智能产品如何为用户答疑解惑、推荐合适诉讼法院、专业律师等。"法小淘"当场通过无讼案例、无讼名片等数据平台进行匹配，"算"出了几位匹配的律师，就差拨打那位律师的电话，令全场一片惊呼。

此前，人工智能在法律领域最为著名的应用是"人工智能律师"ROSS。它建立在 IBM Watson 提供的机器学习技术的基础之上，能够自动检索法律文档数据库，找出与人提出的问题相匹配的答案。目前，拥有约 900 名律师的美国律所 Baker & Hostetler 已经"雇佣"了 ROSS，由其协助处理企业破产相关事务。

"法小淘"的能力却与之存在很大不同。在发布会上，无讼创始人蒋勇模拟了一段智能咨询过程，他通过手机语音对"法小淘"说，"我是杭州××公司法务，在互联网领域做数据分析和数据挖掘，现在发现广州××公司抓取我公司数据，仿冒我公司的广告语，与我公司已存在竞争关系，我想找相关的律师"，"法小淘"就立即分析出这种情况属于不正当竞争纠纷案，引导蒋勇进一步提供了索赔金额、诉讼地等关键词，据此从 30 万名律师信息中找到了 3 名经常在杭州中院开庭的律师。点击打开律师详情，可以看到律师的律所、同类案件数量、同法院案件数量、标的额区间等信息的确与本案高度匹配。

在人工智能领域，自然语言识别是一个重要的组成部分，也已经在许多生活场景下实现突破。然而，在法律这样的专业服务领域，自然语言的识别和处理技术仍然存在着很大空白。

无讼则试图填补这样的空白。据无讼联合创始人、"法小淘"

项目的技术负责人蒋友毅介绍，无讼在阿里云底层技术的支持下，用机器学习的相关算法建立起了一套文本与案例之间的初始相似模型，用无讼案例数据库中海量的案例、法规等数据对"法小淘"进行训练。它会不断地自主从这些数据中汲取养分，在数据与数据之间建立起越来越准确的关联，相似模型本身也会在这个过程中不断优化。

"在人工智能的发展史上，从来就有两种学派。一种认为人工智能将替代人类，另一种认为人工智能只是为人类提供辅助。我们不知道前者是否会真的来临，但是，后者是当前可以通过我们的努力做到的。所以，当 ROSS 着力于替代律师的部分工作，'法小淘'则始终以辅助律师为核心。对我们来说，实现技术突破的意义并不在于技术本身，而在于让未来的法律服务效率更高，体验更好，成本更低。这也正是无讼这个互联网机构的使命所在。"蒋勇说。

"阿里小蜜"

2016 年 3 月中旬，阿里巴巴推出人工智能服务产品"阿里小蜜"，会员可以通过手机淘宝任意二级页面便捷地找到小蜜，体验服务、导购、咨询、智能助手等功能。官方数据显示，上线半个月来，"阿里小蜜"收到了日均 400 万用户的消息，其中近百万用户选择直接向"阿里小蜜"提问，取代传统客服热线，解决他们淘宝购物的相关问题，按照一个客服小二日均接待 100 余人来计算，"阿里小蜜"的服务能力堪比 3.3 万个客服小二。

阿里巴巴面对 4 亿名以上的活跃消费者、上千万家的活跃商家，以及每天上千万笔的交易。如何借助科技的力量、提升服务能力及用户体验，而不仅仅是增加客服人数，是服务团队一直关注的重点。

阿里会员打开手机淘宝可以便捷地找到"阿里小蜜"，平均响应时间不到 1 秒，大大降低了原来打热线电话排队等待的时间；会员咨询智能解决率接近 80%，高出行业智能客服产品平均水平；维权咨询全部在线实时处理、不需要电话、维权进度全面掌握。此外，"阿里小蜜"还能 7×24 小时无缝转换至人工服务。

依托阿里大数据，"阿里小蜜"能够基于用户行为表现提前预测问题，并在用户发起咨询前主动触达用户，将用户转电话及在线人工服务的求助率降低了 70%，服务压力大大降低。

除了咨询投诉等基础服务，"阿里小蜜"还可以作为智能助理，在"阿里小蜜"上完成充话费、查天气、买机票、导购等功能。其中，充话费已经跃升为会员在"阿里小蜜"上成交的第一大类目，充值全程最快仅需 5 秒，用户仅需一句话即可快速完成充值。此外，每天通过"阿里小蜜"查天气的会员有 3000 多人，日均通过"阿里小蜜"订机票的人数也已近 2000 人。

不仅如此，每天还有不少人喜欢找"阿里小蜜"闲聊。区别于市场上很多人工智能产品只能实现单句的一问一答，"阿里小蜜"真正采用人工智能 + 知识图谱的方式，能够基于上下文多轮对话更加准确去理解会员语义，进而精准地识别会员需求。

据阿里巴巴官方介绍，"阿里小蜜"的背后有一群语音识别领域的科学家，通过算法的不断优化，语音识别正确率在原有基础上显著提升，即使是对重口音用户、语速很快的用户甚至在嘈杂环境使用时也能很好识别。

智能物联

至 2020 年，IDC 预测全球物联网产业规模将增长至 1.7 万亿美元，Gartner 预测全球物联网连接设备数量将达到 260 亿台；至 2022 年，世界经济论坛预测 1 万亿个联网传感器遍布全球。"万物互联"让所有智能终端都生长在云端，成为认知现实世界的数据入口、服务界面，产生"去中介化""数据闭环""跨界融合"的物联生态圈。

物联网推动"数字宇宙"加速膨胀，思科预测 2020 年有 500 亿个设备相连。快速增长的接入终端正在不断产生着海量的数据，这些数据需要有安全的去向并且产生价值。传统的 IT 架构不可能快速满足这种几何级数增长，也不具备有效地消化复杂数据的能力。云计算存储灵活，计算能力弹性可扩展，将会是支撑物联网发展与大数据分析的基础设施，所以物联网天然生长在云上。物联网推动"数字宇宙"加速膨胀，DT 经济将产生巨大的商业服务价值。目前阿里智能云上已经孵化出智能厨电产品、智能音频产品、智能空气产品、智能健康产品、智能家居产品、智能视频安防产品、智能路由产品等众多物联生态物种。这些产品将用户与环境数据源源不断地返回给制造商，衍生出越来越多的跨界增值服务，例如智能电饭煲向"云食谱"与网购食材延伸。智能空气净化器向口罩、保健药品延伸，智能门锁向家居安防服务延伸。在物联网时代，硬件产品与云端数据分析、O2O 增值服务密不可分。

比如昵称"小飞"的智能无线音箱是飞利浦与阿里智能合作的产物，通过"云＋硬件＋内容"模式，颠覆人们过往的音乐欣赏习惯。"小飞"集高品质音频设备与智能"音乐云"于一身，能够语音点歌、个性化推荐歌曲，还连接云端丰富的音频资源库，支持虾米音乐、豆瓣电台、喜马拉雅、荔枝 FM、天天动听以及蜻蜓 FM 的海量全网音乐资源，通过登录账号直接同步用户之前的音乐喜好数据，日常使用非常便利，老少皆宜。

现在，很多家庭中的多个品牌的空调、加湿器、空气净化器却无法简单调节整体舒适环境，在智能生活中，用户只需要告诉"空气云"所要的环境效果，比如用户只需要告诉空气云"维持室内湿度在

60% ~ 70%""我冷了""保持室内 PM$_{2.5}$ 始终在 50 以下",家中所有设备的控制方案则由空气云通过算法自主计算而来,变人工操作为"空气云"自动调度管理。

智慧城市

IDC 研究表明,在未来 15 年中国城市化进程仍将快速发展,城市总人口规模超过 10 亿,百万人口的城市超过 200 座,人口总量是现在的 5 倍,城市投资将达到 2 万亿。IT 时代利用 PC 机 / 服务器、数据库、门户网站的"智慧城市",取得了流程自动化的进步成果;在人类进入数字经济时代 1.0 以后,利用移动互联网 / 物联网、云计算、大数据等 DT 技术正在重塑我们的生活环境,即"DT 城市"革新。移动互联网提升便民服务体验,物联网感知环境数据,云计算降低城市运营成本,大数据智能分析,是 DT 城市发展的新基础设施。

近两年,全国各地都利用"云大智物移"(即云计算、大数据、人工智能、物联网、5G 网络)互联网技术群,在交通、气象、政务等领域创新城市服务,实现 DT 城市转型升级。阿里云上涌现出一大批 DT 城市的探索者。

G20 峰会借助阿里云流计算和在线分析引擎的强大处理能力,运用创新时空轨迹算法,实时处理海量数据,为 G20 峰会保驾护航。

浙江电力采用阿里大数据平台,构建了企业数据中心,实现了电力数据全集中,统一标准,统一服务。

中国气象局宣布与阿里云大数据平台达成合作,将向公众开放气象服务数据。这些气象服务数据将广泛运用于农业、交通业、互联网、抗灾救险等领域,更好地服务民计民生。

浙江省交通厅利用阿里云计算平台能力实时处理海量手机信令数据,实时预测未来 60 分钟各路段速度,支持出行者提前避堵,支持交管部门实现精准诱导。

国家天文台与阿里云签署战略合作，针对大规模数值模拟、计算宇宙学、天文信息学等领域的大数据技术与应用需求开展研发合作，降低计算成本。

海关总署借助大数据云平台，为对外贸易报关通关提供高效快捷的数据服务，为全国通关一体化提供数据支撑平台，实质性提升信息化系统的洞察力，帮助守好国门。

（四）人工智能与就业

与人工智能相关的问题是，机器对于劳动力的替代。学者梁建章和黄文政认为，由于高度自动化而引起的失业，其实并不是一个经济问题。这可以被视为一件好事，因为只需要少量高技能创新工作者每周上班 3 天，就可以确保在其余人口不工作的情况下，依然维持原先社会在商品和服务方面的供给水平。这种失业更大程度上还是社会问题，因为大多数人会感到自己似乎是多余的；同时也是一个政治问题，因为大多数选民将不再是纳税人。我们应该把这种问题称为"休闲过剩"而不是失业。但即使这种情况出现的可能性也不大，因为在短期内，服务行业将会产生很多工作机会；从长远来看，即使大部分的日常工作可以被人工智能取代，未来仍会有许多与创新有关的工作机会属于人类。①

---

① 梁建章：《机器人、失业与创新》，微信公众号"人文经济学会"，2017年2月2日。

第二篇

数字经济将带来
哪些变革？

第
五章

数字经济带来的新技术

数字经济带来哪些新技术

　　新技术从概念上来说可以分为近景技术和远景技术，它并不是单一的某种技术，而是涵盖了多种技术融合的技术群落。近景的新技术主要指在可见的 10 年内，伴随着互联网、物联网在经济社会生活中的广泛应用，大量实时、在线数据的产生，计算、存储和网络技术的飞速发展以及价格的下降出现的以云网端为基础设施的各种技术集合。这组技术群落体现为云（计算）、大（数据）、智（人工智能）、物（物联网）、移（5G 网络）、生物识别、区块链、无人机、无人驾驶汽车、机器人、虚拟现实 / 增强现实、3D 打印等这些在不远的将来会有大量的实践。

　　新技术的远景则指的是未来 30 年，伴随着人工智能时代的到来，新一代信息通信技术与材料、能源、生物医学、航空航天、认知科学等领域的协同与融合会呈现出加速趋势，比如基因科技、脑机接口、石墨烯、纳米技术、太空探索、量子计算、空中互联网等具象化新技术的层出不穷会叠加在近景的技术上带动奇点的来临，这些技术之间互为支撑，互相促进，在全球范围内，带来社会经济、地缘政治、法律伦理以及人口变化的新趋势。

这些新技术的特点

与传统技术相比，新技术拥有以下几个主要特征。

（一）人工智能无所不在

在数字经济之中，人工智能将无所不在，驱动着比特＋原子＋生物世界三者融合的新世界；以 2016 年年初的 AlphaGo 人机大战作为节点，人工智能成为产业界最受关注的一大热点。未来的人工智能将会无所不在，成为很多产品形态的核心技术基础，比如无人机、机器人、自动驾驶汽车、虚拟现实/增强现实等多种产品形态都以人工智能作为核心技术之一。伴随着机器智能化的加深，机器与人共存的世界将会到来，比特＋原子＋生物世界的融合可能会使我们无法分辨是虚拟还是现实。

（二）技术成本和门槛降低，普惠化是趋势

以服务器、存储和软件为代表的传统信息技术产品的价格和门槛都很高，不仅采购成本高，而且维护运营成本也高；以云计算技术为代表的按需服务业务形态使得个人及各类企业可以用很低的成本就获得所需要的计算、存储和网络资源，不需要购买昂贵的软、硬件

产品及设备，大大降低了技术门槛，使得计算成为普惠技术。

（三）开放、开源技术生态成为主流

传统的技术往往为某家大型企业所垄断，以封闭技术为主，生态也是围绕着自己专有的技术而建立的。而新技术的特点则是开放、开源技术成为主导，能够调动社会的力量共同完善技术，促进技术的迭代升级。

（四）多种技术同步爆发，跨界技术融合成为主流

传统技术的变革主要以某一种技术的出现和发展为代表，对产业和经济的带动作用是有限的。而新技术则是多项技术同步爆发，技术之间的融合带动多个产业的化学反应，共同飞速发展，比如基因技术＋大数据＋人工智能＋云计算能够推动基因行业的大变革。

（五）随时随地无缝连接

新技术会不仅仅是带动人与人之间随时随地的连接，未来会带动人与物、物与物之间的无缝连接，这种连接伴随着以 5G 网络为代表的移动通信技术的成熟变成现实，带动每个人、每个物都时刻被量化。

（六）新技术迭代创新速度变快

以互联网为起点、以云网端为基础设施的新技术的迭代创新速度比以往任何一个时代都快。新技术安装和扩展的速度很快，用户规模和个性化需求可能急剧增加，这也倒逼着新技术需要快速迭代才能满足和适应用户规模和需求的变化。

从对未来新技术的布局来看，以美国谷歌公司为例，作为最早

提出云计算概念和推出服务的公司之一，面向未来新技术的布局也令人关注。AlphaGo 大赛已经初步显示出 Google 在人工智能领域的领先布局，它还涉足自动驾驶汽车、虚拟现实 / 增强现实、混合操作系统、无人机、智能家居、医疗和能源、气球互联网（Project Loon）等多个领域。

新技术产生的背景

人类社会的发展历史可以总结为三次大的技术革命：第一次技术革命是以蒸汽机的发明与使用为代表，释放了人的体力；第二次技术革命以电力的发明为代表，释放了人的距离；第三次技术革命是以信息技术的产生和发展为代表。目前处在第三次技术革命的第二阶段，从互联网的普及开始，未来将会以释放人的大脑为目标。这个阶段以互联网的产生和发展为契机，摩尔定律、吉尔德定律和梅特卡夫定律三大定律为互联网奠定了理论基础，前两个定律主要是硬件发展的理论基础，梅特卡夫定律则为互联网的社会和经济价值提供了基础依据。这三大定律也促进了今天和未来 10 年新技术群落的诞生与快速演进。

但是，伴随着硅芯片逼近物理和经济成本的极限，摩尔定律的结束已然可以看见。晶体管的微型化已经不能保证成本更低或速度更快。2015 年，摩尔定律的发现者戈登•摩尔也声称，摩尔定律只能再生存 5 ~ 10 年。而以芯片立体化、石墨烯、内存计算、量子计算、神经形态计算等为代表的技术可能会成为驱动计算性能继续实现指数级增长的新源泉。

新技术发展现状与趋势

如果把以往的 20 年当作是互联网的初级阶段，初步打造起比特支撑的数字世界，那么今天新技术的发展走到了关键节点，未来 30 年的目标就是要实现比特、原子和生物世界三者的融合，把人脑解放出来，万物智慧的时代到来。

（一）云网端的进步奠定基石

自 2006 年云计算产生以来，经历了近 10 年的发展，今天的云计算由于成本、效率的优势已经逐渐成为创新的后端技术基石，从小企业上云，到大企业、政府和金融行业都纷纷拥抱云计算服务，未来的方向主要是朝向更大规模并行计算、混合云、更强的处理能力等方向发展，同时 GPU 的发展也是未来云计算能够支撑基于大数据的人工智能应用的关键。

网络通信技术的进步是新技术体系中最核心的技术之一，5G 网络不仅将进一步提升用户的网络体验，同时还将满足未来万物互联的应用需求，能够满足消费者对虚拟现实、超高清视频等更高的网络体验需求。同时，以谷歌气球互联网计划和 Facebook 无人机计划为代表的创新技术结合不断发展的卫星网络有可能带领大家进入"空中网络"时代。

物联网智能终端的多样性会为万物互联奠定"物"的基础，传感器技术、标签技术、控制器技术、嵌入式系统、物联网操作系统等技术及标准的统一将会成为发展的关键，充分考虑到低功耗内存和电源的物联网操作系统是重要方向，不同物联网设备之间的互联互通技术变得格外重要。

（二）人工智能会成为未来万物智慧的核心

从 1956 年人工智能概念出现迄今已经有 60 年的历史了，人工智能也经历了几番起起落落。今天实现大规模落地和巨头们的重点方向，是大数据＋云计算＋深度学习算法三大技术基础的成熟和发展必然。

首先，云计算平台可以利用成千上万台的机器进行计算，尤其是 GPU 的发展为加速人工智能落地奠定了基础计算能力，使得类似于人类的深层神经网络算法模型为代表的人工智能应用成为现实。

其次，大数据时代已经到来，多来源、实时、大量、多类型的数据可以从不同的角度对现实进行更为逼近真实的描述，而利用深度学习算法可以挖掘数据之间的多层次关联关系，为人工智能应用奠定了数据源基础。

最后，是算法的发展，尤其是 Geof Hinton 教授在 2006 年发表的论文，开启了深度学习在学术界和工业界的浪潮，以人工神经网络 (ANN) 为代表的深度学习算法成为了人工智能应用落地的核心引擎。

计算＋数据＋算法三种技术相辅相成、相互依赖、相互促进，才能使得人工智能有机会从专用的技术成为通用的技术，逐渐融入到各行各业之中，也推动了诸如无人机、机器人、自动驾驶汽车等新硬件产业的诞生和发展。

但是，今天依然是弱人工智能时代，人工智能技术还主要为了解决特定的问题而存在，是任务型的人工智能，以人工神经网络算法为代表的深度学习算法只解决了低层次的理解问题，未来要拥有人一样的思考、感知和认知能力还需要方法和理论上的突破。伴随着算法和计算领域的突破，无监督学习、强化学习、迁移学习算法和推理能力的有机结合，将推动人工智能可以发展到具备大脑的能力，创造新的智能体，能够自主管理好虚拟世界。

新技术的意义或价值

新技术近景起源于互联网，作为普惠技术群落，未来是实现人人都可以用得起的技术。而这种普惠性可以带动社会创新的加速并激发新的生产力，产生新的社会经济价值。

由于新技术的出现，作为新能源的数据随时随地产生，并且能有机会实现流动、共享、融合和开放，成为替代劳动力和资本之外的又一生产要素。在传统的数据应用生态中，由于生态的封闭性，数据的流动往往局限在企业内部，而新技术的应用使得数据这种新的生产要素可以在云计算平台之上走出企业，与外部数据进行融合，激发出更大的生产力，不仅驱动企业业务和决策效率的提升，同时也成为业务创新的新核心。新技术与新资源的融合创新会产生无限的想象和空间。

新技术远景是以人工智能为核心的跨界融合技术，会带动很多行业的大变革，制造业、交通、服务业、医疗行业、金融业等行业都因为人工智能的崛起而变得不同。比如，未来无人驾驶汽车主宰的交通系统将不再需要红绿灯和交通标志，而驾照也将是个过时的概念；机械制造行业的未来可能会由智能机器与人协同完成，机器的行为会基于数据＋算法不断迭代优化，成为机械制造业转型升级的基础；机器人还将被用于快递、清洁、洗碗和强化安全，未来用于家庭娱乐和教育的机器人会走入寻常百姓家；很多职业都会消失，比如客户服务人员、电话营销人员、会计审计、零售人员等。

第六章

数字经济时代的挑战、商业模式、组织形式

数字经济的挑战：技术进步快，组织和文化改变慢

每一次社会出现大的通用型技术进步，都会面临一个重要的挑战。这个挑战就是社会组织和社会文化难以跟上技术进步的步伐。

在某种程度上，对于新技术采用审慎乐观的应对方式，未尝不是人类社会控制风险的办法。未来充满不确定性，通过观察—调整—再观察—再调整，能够避免组织和文化剧烈变动给社会带来的风险和挑战。

但麻烦的是，人们常常难于预计新技术的发展速度和应用范围，这使得组织和文化的调整可能远远滞后，当技术的渗透性大大增加之后，组织和文化不得不面临重大的调整。这一调整过程可能会带来很多的痛苦和挣扎。

比如被阿里巴巴董事局主席马云多次提到的"红旗法案"，该法案的背景如下：19世纪60年代，蒸汽机开始被用于交通运输业，

人们对这种动力强劲的机器又爱又怕。1865 年，为了防止安装了蒸汽引擎的机动车"危及公共安全"，英国议会专门通过了一项《机动车法案》，规定凡是在公路上行驶的机动车必须配备一名专职"旗手"，步行于车辆前方 55 米的地方，手持一面红旗以警告周围的行人和马车——车来啦！因此，这部法案又被称为"红旗法案"。

"红旗法案"将车速限制在步行速度之下，的确可能起到防止事故的作用。但是，立法者把事情想得太简单了——他们忘了：机械动力除了能为车轮提供转速外，还能为刹车提供前所未有的力量，其实并不会真正妨碍公共安全。相反，这项专门针对特定技术（机械动力车辆）的限制性法令，大大遏制了英国汽车工业的发展。直到 1896 年，"红旗法案"才渐渐通过例外规定的方式被废弃。而那个时候，汽车工业发展的第一个十年已悄然逝去，法国和德国的技术已远远领先于英国。[1]

商业模式：C2B

C2B 是数字经济时代创新的商业范式。为阿里巴巴首创，近期受到广泛关注。所谓的"C2B"，就是消费者提出要求，制造者据此设计消费品、装备品。这是一场真正的革命：一个企业不再是单个封闭的企业了，它通过互联网和市场紧密衔接，和消费者随时灵活沟通。C2B 所代表的新范式涵盖消费、生产制造、物流、IT、金融等所有经济领域，既包括一整套通用技术、消费方式、商业模式，又包

---

[1]　来源：互动百科的"红旗法案"词条。

括企业组织方式、管理制度和劳动者本身，还涉及产业政策、管理制度、社会文化、教育和人的意识等方方面面。

在工业经济时代，技术 – 经济范式是 B2C，即以厂商为中心，以商业资源的供给来创造需求、驱动需求的模式。

20世纪初的美国，在铁路网络、电话网络、电力网络、银行体系、大超市等商业基础设施之上，一举奠定了今日工业时代的基本样貌与完整体系

大生产 + 大零售 + 大品牌 + 大营销

其基本特征是：以厂商为中心，大规模生产同质化商品，广播式的大众营销，被动的消费者

工业经济时代的 B2C 模式

B2C 典型的特征是标准化大生产、大众营销、大流通、大众消费、大金融。互联网加速推进信息经济的到来，在商业领域带来两个显著变化：在需求端，消费者首先被信息高度"赋能"，导致价值链上各环节权力发生转移，消费者第一次处于经济活动的中心；在供应端，互联网大大提高了信息的流动性和穿透性，削减交易费用，极大地促进了大规模社会化分工、协作，根据市场需求，快速集聚资源，通过在线协作的方式完成项目任务的模式大行其道。这里的"市场需求"不仅是最终消费需求，也包括厂商需求，但厂商需求最终也是由消费需求驱动的，产业会呈现出 C2B、C2B2B，甚至 C2B2B2B 的形态。

C2B 模式发迹于互联网为消费者赋能导致的 C 端的改变。正如普拉哈德在《消费者王朝》中写的：消费者由孤陋寡闻变得见多识广；由分散孤立转变为广泛连接；由消极被动变得积极参与。

C2B要点在于"客户驱动"，客户决定卖什么，卖多少，生产什么，生产多少

完全同质化...   完全定制化

客户实际需求

C2B不以批量来定义，个性化只是C2B的一种形式，重要的是客户拉动，而不是厂商推动。即使是对"爆款"，如果采用客户定义价值，配以拉动式配送体系和柔性生产，也是非常完美的C2B模式

AliResearch
阿里研究院

C2B 的要义在于客户驱动，而不是批量大小

2020 年，8 亿的智能手机用户实时在线，将形成巨大的黑洞效应，势必将工业经济下的传统产业全部卷入其中，碎片化、解构掉，然后按照"用户为中心"的商业逻辑重新组合。值得注意，这里"以用户为中心"的逻辑并不是产销割裂时代企业的自发行为，而是在技术可能性和市场力量倒逼下，消费者与企业的共同选择。企业与消费者将在研发、设计、生产、营销、客服等所有环节共同参与、共创价值，某种程度上 C2B 或可描述为 C&B，即产销合一模式。展望未来，"按需配置商业资源"的 C2B 模式更加普及。在这种模式下，供需高度匹配、资源高效利用、产品和服务价值更高、各市场主体也更加平等和谐。这对于中国传统产业转型升级无疑具有重大的意义。

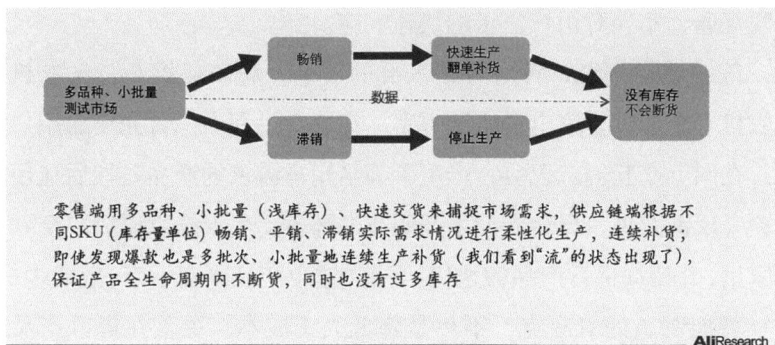

零售端用多品种、小批量（浅库存）、快速交货来捕捉市场需求，供应链端根据不同SKU（库存量单位）畅销、平销、滞销实际需求情况进行柔性化生产，连续补货；即使发现爆款也是多批次、小批量地连续生产补货（我们看到"流"的状态出现了），保证产品全生命周期内不断货，同时也没有过多库存

电商平台上 C2B 的典型表现

定制化生产

机器换人只是第一步，在自动化生产的基础上建设互联工厂，才是真正的智能制造。

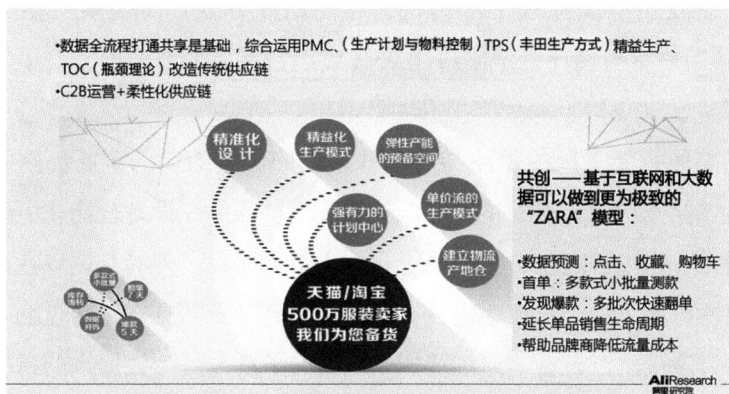

案例：共创供应链——为 C2B 而生的柔性供应链服务商

海尔家电产业集团副总裁、供应链总经理陈录城介绍称，海尔八大互联工厂，充分应用用户大数据和制造大数据。用户在网上参与创意交互和产品定制，上游供应链资源、下游物流配送资源也与工厂

互联互通，实现对用户需求的快速响应。

陈录城举例说，针对母婴人群的需求，海尔提供儿童洗衣机、干衣机等全套母婴家电的定制方案。在这个过程中，首先要有用户需求，在网上交互创意以后，产生了满足用户需求的产品。然后让用户体验、反馈意见，再转入到生产制造的环节。生产结束以后，交到用户家里，并持续进行产品的迭代。目前，这个产品刚刚上市，效果很好。

智能制造的着眼点，不单是降低人工成本，更重在提升产品质量和经营效益。"我们把用户的需求和生产的数据结合起来"，陈录城说，比如，有12%的空调用户数据反映，怎么解决空调使用过程的噪声。"我们针对这个用户需求，第一次应用了流数据的技术，把生产过程当中发现的噪声的数据分离出来，用智能检测的手段把噪声问题彻底解决。"

以胶州空调互联工厂为例，在高精度方面，实现新产品开发100%用户参与设计，定制占比25%以上；在高效率方面，订单交付周期缩短50%以上，效率提升100%。

美的智能工厂的思路与海尔殊途同归。美的空调事业部副总经理乌守保介绍说，美的工厂智能化有五个特征——设备智能化、生产透明化、物流智能化、管理系统化、决策数据化。美的空调事业部广州南沙智能工厂厂长汪小进补充说，该厂有一个数据室，通过物联网技术，连接生产设备，通过智能手机实时了解每一个数据点的情况。

根据客户订单来生产的"T + 3"模式，正在美的旗下的各大工厂推行。乌守保说，由于产业链上信息互联互通，客户下单后，上游供应商马上备料，工厂准备生产，产品下线后立即发货。这令美的的订单交付周期缩短50%。

组织形式：云端制＝大平台＋小前端

"云端制"，即"大平台＋小前端"，是数字经济较为普遍的组织方式，金字塔制是工业时代普遍的组织形式，公司由上至下形成了严密的系统体制，每个雇员在授权的范围内完成工作。在数字时代，"云端制"，即"大平台＋小前端"，成为了较为普遍的组织方式。"全球最大的出租车公司优步没有一辆出租车，全球最热门的媒体所有者 Facebook 没有一个内容制作人，全球市值最高的零售商阿里巴巴没有一件商品库存，全球最大的住宿服务提供商 Airbnb 没有任何房产"，这句广为流传的语句，所刻画的正是这一情形。

云端制具有四大特征：大量自主小前端、大规模支撑平台、多元生态体系以及自下而上的内部创业精神。数量众多且规模较小的自主型前端，在被赋予自主权的同时，也承担全部或部分盈亏。大规模支撑平台建立标准且简洁易用的界面，使每个职能模块化；形成资源池，便于资源共享；根据业务发展需求，形成新特色及新能力，如大数据分析、机器深度学习和创新辞典等。借力生态体系，使体系内的企业能够互相影响，协同治理，相互合作，进而为创造更大的价值提供可能性。

"大平台＋小前端"正在成为 DT 时代越来越多商业组织的"原型结构"。如淘宝平台（海量网店＋海量买家）、苹果平台（海量 App＋海量用户）、谷歌平台（海量网站和广告主＋海量用户）、快的平台（海量司机＋海量乘客）、蚂蚁金服平台（大量金融机构和创业者＋金融消费者）等。在单个企业内部，也是如此，如海尔内部的"平台＋2000 多个自主经营体"，以及后来的"企业平台化，员工创客化，用户个性化"、小微公司成为海尔基本单元等。网上女装品牌韩都衣舍，也出现了100多个买手小组等。以上尽管名称各不相同，但其基本结构却都是一致的。

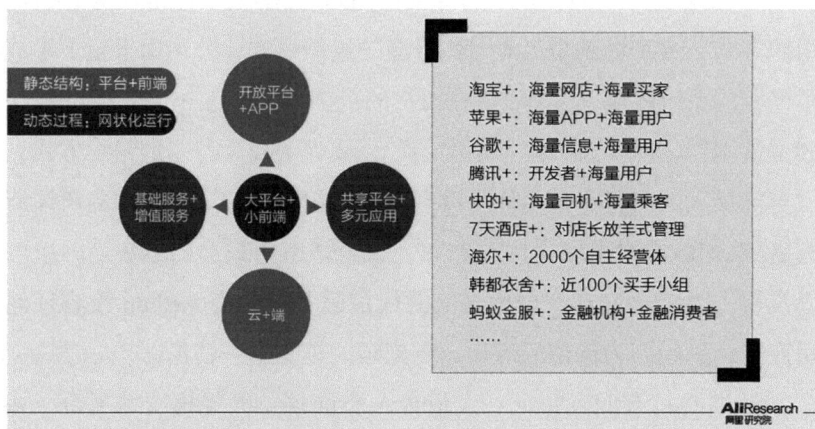

静态结构：平台+前端
动态过程：网状化运行

开放平台+APP
基础服务+增值服务　大平台+小前端　共享平台+多元应用
云+端

淘宝+：海量网店+海量买家
苹果+：海量APP+海量用户
谷歌+：海量信息+海量用户
腾讯+：开发者+海量用户
快的+：海量司机+海量乘客
7天酒店+：对店长放羊式管理
海尔+：2000个自主经营体
韩都衣舍+：近100个买手小组
蚂蚁金服+：金融机构+金融消费者
......

Ali Research 阿里研究院

组织结构：云端制——"平台＋前端"、网状化运行

消费者和用户的个性化需求，倒逼商业组织向着"大平台＋小前端"化的方向去演化，这样才能"接得住"大量"小（批量）多（品种）快（反应）"的用户和消费需求。

而对于组织内部的小前端，甚至对每一位社会成员来说，则会面对"专家化"和"柔性化"的考验。在今天这个巨变的年代，没有谁是专家。另外，人人又都是专家，因为人人都在某一个领域全球第一。同时，人人也都必须要成为专家，自我监督、自我管理、自我提升！每一位社会成员，必须要学会更加柔性化地生存与发展。几百年前，人们曾经毫无选择地进入工厂、接受管理，今天的个体（小前端），则可以越来越柔性地安排工作、生活、学习了。

简而言之，就目前可见而言，互联网、云计算、大数据带来了社会化、规模化的分工与协作体系，这一大分工所带来的专业化效率，全面突破了工业时代的限制。而平台，特别是"巨平台＋海量小前端"，则成为了这一新型分工形态的全新载体与重要依托。

第七章

数字经济如何改变制造业

数字经济时代给制造业带来的变革，就是"新制造"将兴起。而数字经济是新实体经济，最突出的表现就是，数字经济所带来的新制造。

制造业的未来是智能化

"新制造"是指应用互联网、IoT（物联网）、云计算和大数据等新一代信息技术，以用户需求为出发点提供个性化、定制化的产品和服务的生产制造模式。通俗地讲，就是用"新的制造方式"生产"新的产品"，提供"新的服务"。

（1）新的制造方式：用 IoT、移动互联网、机器人等技术配合精益管理方法实现智能制造、个性化定制和柔性化生产。例如，家具企业索菲亚通过引入德国豪迈柔性生产线，配合 3D 设计、条码应用技术、数据库等软件技术建设了亚洲最大的柔性化生产线，实现了订单自动拆解、自动开料、封边和装配。东莞的共创服装厂是一家小型企业，则主要通过精益生产、单元式生产、供应商协同等管理方式变革实现了小批量、多款式、快速生产的提升。

（2）新的产品，即智能化的产品：新的智能化产品嵌入传感器等数据采集装置，不断采集用户使用信息、设备运行数据到云端，实现对用户行为和设备运行情况的管理。例如，阿里巴巴与上汽携手打造的互联网汽车——荣威 RX5，搭载了 YunOS 操作系统并实时联网。用车过程中产生的驾驶行为、个人喜好、车况等其他数据，通过 4G 网络上传到云端，通过算法优化再对用户进行相关推荐。汽车账号体系与支付宝账号打通，成为后者的一个新入口，其方式可以是汽车 + 保险、汽车 + 销售、汽车 + 维修等。

（3）新的服务：新的制造方式催生出研发、设计、软件服务等生产性服务；智能产品采集的数据，会形成数据服务，包括远程设备管理维护、用户数据服务等。

新制造是嵌套在整个 C2B 商业模式中的，与新零售是紧密联系在一起的。没有新零售就没有新制造。C2B 包括客户定义价值 + 个性化营销 + 拉动式配销体系 + 柔性化制造四个部分。

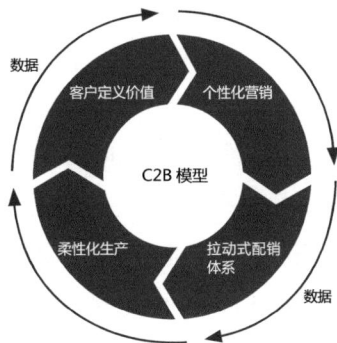

C2B 模型的内容

其中，新制造以客户驱动，数据全流程贯通，个性化定制、柔性化生产为主要特征。

数字经济推动"新制造"出现

"新制造"的出现有两大背景。

其一，消费者主权崛起、个性化需求越来越旺盛。如《商业周刊》的一篇报道所述："在20世纪五六十年代，整个美国都是一幅千篇一律的景象，不仅背景大同小异，人们的愿望也大同小异。美国人最大的理想就是与同一层次的人看齐：不仅仅是赶上同层次的人，还要与同层次的人一模一样——拥有同样的汽车，同样的洗碗机，同样的割草机。而产品丰裕度在20世纪七八十年代显著上升后，情况彻底改变了。我们从'我想做正常人'转向了'我想与众不同'。"这种个性化消费的浪潮，近年来在中国也已经大量出现。今天的中国，已经是一个消费快速升级的社会，也是一个消费需求日益多样化的社会。比如，时装要求体现自己的个性，家具要匹配主人的喜好和户型，汽车要按照自己的需求来配置。个性化需求的大规模崛起要求供给侧能够给予满足。

其二，互联网、IoT、网络协同等技术的普及，首先使得设备之间、工序之间，甚至工厂之间、市场和工厂之间的联网轻而易举，市场需求、生产、物流数据可以非常便捷地在市场主体之间自由流动。数据的自由流动和产业链上下游紧密合作是产业变革的基础。例如，在大部分的工厂内部，ERP（企业资源计划）与MES（制造执行系统）都是两套系统，各自为政。产能情况、订单进度和生产库存对ERP来说只是"黑箱"作业。

若企业内部能实现 ERP、MES，乃至 CRM（客户关系管理）的集成协同，进一步就是需要对接电商大数据，包括实时订单数据、需求预测数据等。当产业链所有系统都全面集成之后，一条连接市场最终客户、制造业内部各部门、上下游各方的实时协同供应链就形成了，就可以实现对市场需求的快速反应。在没有互联网的时代，只有戴尔、宝洁等大公司才可以做到，因为这涉及巨大的 IT 和人才投入，但现在互联网出现之后，小企业也可以做到，而且可以玩得更为极致。因为，企业内部的系统集成通过以太网（局域网）即可完成，而跨企业之间的协同互联网则扮演重要角色。特别是电商出现之后，基于电商交易的数据丰富度、实时性和预测准确性，远非 POS 信息单一维度的日报所能比拟的。

新制造与传统制造的区别

（1）商业模式不同

传统制造局限在 B2C（厂商主导）的模式之下，生产什么，生产多少，何时生产，都是由厂家决定的，追求的是标准化、规模化、低成本。

新制造是 C2B 模式的其中一环，生产什么，生产多少，何时生产，全部由市场需求决定，追求个性化、高价值。新制造的生产体系能适应多品种、小批量、快速反应的生产要求。

（2）动力和目的不同

新制造的革命性在于：不再以制造端的生产力需求为起点，而是将用户端价值作为整个产业链的出发点，改变以往的工业价值链从生产端向消费端、上游向下游推动的模式，而是从客户端的价值需求出发提供定制化的产品和服务，并以此作为整个产业链的共同目标使整个产业链的各个环节实现协同优化。

传统制造的目的是提高产能，新制造是致力于产消和谐。

（3）技术基础不一样

传统制造是第二次工业革命的产物，以公用电力为主要能源，以自动化设备的流水线生产为主要特征。

新制造以 IoT 为主要技术基础，以数据为主要供给能源，以柔性化的智能制造为主要特征。以一支高尔夫球杆为例，如果我们在球杆中加入传感器，就能够记录下消费者的每一次挥杆的力度、击球的位置等。成千上万的数据汇聚在云端做深度分析，来帮助工厂改善它们的生产制造和开发新的产品；同时，我们可以针对这个消费者进行智能化的服务，帮助他的训练和纠正不好的使用习惯，提升球技。

（4）价值不同

传统制造和研发、营销、服务分离，位于价值链的低端。

新制造将研发、营销和服务融为一体，通过生产服务化、产品智能化、服务数据化，大大提高了生产制造的价值含量，改变了微笑曲线的形状。

（5）大数据将发挥重要作用

传统制造业以公用电力和自动化设备为主要驱动。

新制造将以数据为主要驱动。由于 IoT 的快速发展，工业大数据将应用于制造业的全流程，并发挥重要作用。索菲亚衣柜是大数据驱动的 C2B 模式创新的代表，2015 年的营收达到 31.9 亿元。索菲亚在探索 C2B 的实践过程中，数据对于其规模化和个性化的平衡起到关键作用。索菲亚认为自己不是家具制造企业，而是一家大数据企业。索菲亚有强大的科技团队，超过 400 人，而其中 300 多人是在做数据加工。索菲亚利用大数据提升客户体验，提高交付效率，减少差错和库存，基本可以做到零库存水平。在索菲亚的前端需求到后端的生产系统中，数据的共享、联通和流动是实现订单准确地从需求端传递到生产制造和采购端的关键。正是这种技术基础保障了索菲亚通过打通线上线下数据，基于用户交易数据，用户行为和特征数据，以及产品和渠道数据，搭建一个大数据平台。基于用户画像的数据化，他们也比较好地实现了研发精准化。在研发精准化基础上，营销的精准化也通过线上线下数据的融合分析获得了很好的实现。

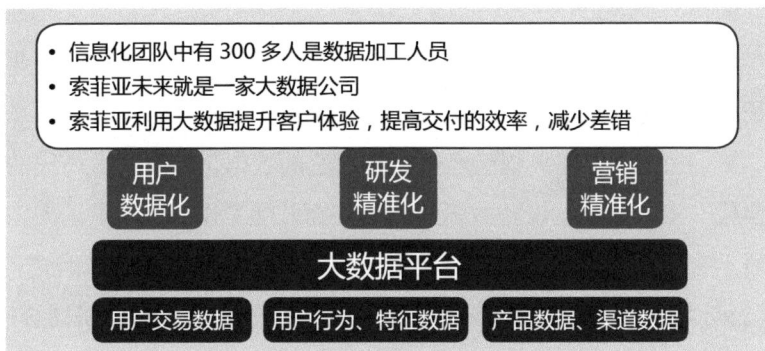

模式创新：索菲亚衣柜利用大数据实现零库存
（资料来源：阿里研究院）

工业大脑：1%=1万亿元

如果制造业能够整体提升 1% 的良品率，按 2016 年全国工业总产值计算，这将为中国制造总体提升上万亿元的利润空间。阿里云为工厂提供的方案更有数字上的经济价值，发布的 ET 工业大脑首先瞄准的就是中国工厂的良品率目标。

阿里云总裁胡晓明提出"中国智造 1%"的概念，希望让工业生产线上的机器拥有智能大脑，"中国制造业如果提升 1% 的良品率，意味着一年可以增加上万亿元的利润"。

以单个案例来看，阿里云人工智能技术已经应用到了中国的工厂里，并为位于江苏的光伏生产商协鑫在一年内节省了上亿元的成本，这一数字来自1%的良品率提升。ET工业大脑在协鑫的工厂里，通过分析上千个参数，来优化光伏切片的精密工艺。

让机器能够感知、传递和自我诊断问题，工业大脑通过分析工业生产中收集的数据，优化机器的产出和减少废品成本。通过并不昂贵的传感器、智能算法和强大的计算能力，ET工业大脑解决的是制造业的核心问题。

据了解，徐工集团、中策橡胶、吉利等制造领域的标杆企业都在积极引入ET工业大脑，投入智能制造的浪潮之中。

"目前ET工业大脑已经在流程制造的数据化控制、生产线的升级换代、工艺改良、设备故障预测等方面开展工作。"阿里云人工智能科学家闵万里表示，ET的目标是成为一个不断吸收专业知识的"大脑"，可以指挥各种类型的工业躯体。"我们希望用21世纪的机器智能，帮助人类更好地指挥20世纪的机器。"

一台可以直播的烤箱

烤箱是很多家庭非常喜爱的电器，同时也是一个非常成熟的电器。如何在此基础上创新呢？海尔嫩烤箱的生产者发现，购买烤箱的主力人群是年轻女性，这些人群喜欢在互联网上展示自己的作品。因此，他们设计了一台可以直播的烤箱。

为什么选择海尔嫩烤箱
why?

海尔嫩烤箱
致力于帮助烘焙菜鸟变身大厨，让烘焙达人更进阶。海量官方食谱，匹配最优烘焙参数，配合烤箱APP让烘焙变的更为轻松简单。新一代微压蒸汽嫩烤技术，让你拥有划时代的烘焙体验。

more info →

烘焙 生态圈
集食材供应商、烘焙课堂、媒体、自媒体于一体的烘焙生态给你带来一站式烘焙体验——烘焙教学、答疑、食材采购，媒体宣传让你的烘焙作品轻松传播给诸多亲朋好友。

烤圈APP
上传自己的食谱or查看烘焙大咖们的食谱；购买烘焙工具；参加烘焙活动，在烤圈，一切皆有可能！

海尔嫩烤箱T3
已筹到
¥**5221257**

当前进度1044%　　　5806名支持者
此项目必须在 2017年02月04日 前筹到 ¥5000000的支持才可成功！剩余 0 天！

♡ 关注(6千)　　👍 赞(7千)

分享到

海尔嫩烤箱T3
一台可以「直播」的烤箱
BakingLive

海尔嫩烤箱

　　作为全球首个量产发货的内置摄像头烤箱，海尔嫩烤箱内置的耐高温高清摄像头，像素达 500 万级，可实时拍摄、直播食物在烤箱内的烘焙过程，用户通过专属 App "烤圈"，即可实现烘焙实时监控、图片和小视频的一键分享等操作，便于和朋友分享美食烘焙乐趣。

　　除此之外，"烤圈" App 还可以让用户实现一键购买食材、一键多步骤烘焙，并可根据用户的使用习惯，为用户提供常用参数设定功能，为用户的操作过程减负。同时，"烤圈" App 具有定制式控制功能，可以满足用户的个人习惯，使得用户的烤箱成为最了解用户的厨房好帮手。而由数千名烘焙类达人上传的专属菜谱，以及海尔小焙菜谱研发团队专业研发的嫩烤箱食谱，在满足用户下厨需求的同时，也可以让用户随时随地求助美食大咖的指导，买到最新鲜的食材，同时让用户找到离家最近的烘焙课堂。

柔性生产

根据路透社报道，Adidas 近期发布了世界首款可量产的 3D 打印运动鞋 Futurecraft 4D，其鞋底由 3D 打印而成，计划在 2018 年开始大规模生产。这是 Adidas 开发的最新一代 3D 运动鞋，也是 Adidas 为强化时尚属性，发展定制业务的战略步骤之一。

人们已经可以通过 Adidas 官网选择鞋子的颜色和图案，3D 打印技术能够更好地应用于小规模生产以及限量款球鞋的制造，甚至根据消费者的体重和行走方式来定制鞋底。

传统的 3D 打印机通过塑料粉来打印产品，而硅谷创业公司 Carbon 的新技术工作速度是传统方法的 10 倍，成本还不到原来的一半。

Adidas 表示，在与 Carbon 合作之后，Carbon 的技术能帮助 Adidas 更快、更好地生产小批量的运动鞋，因为以前生产大部分鞋底所需要的金属模具需要使用 1 万次才能收回成本，而且模具本身需要花费 4 到 6 个星期时间来制作和打磨。

Terry Wohlers 预计，随着汽车、医疗、牙科以及珠宝行业的推动，到 2022 年，3D 打印行业的销售额会是现在的 4 倍，达到 260 亿美元。

Adidas 技术创新主管 Gerd Manz 在推出 Futurecraft 4D 运动鞋时

表示："这款运动鞋的面世，不仅仅对于我们公司，对于整个行业都是一个里程碑。"

Gerd Manz 说道："个性化时代肯定会来临，但在此之前我们还有很长的路要走。"有调查显示，80% 的消费者希望能够体验这项服务。[①]

Adidas 的例子可以说是柔性化生产的经典案例，不仅降低了生产成本，减少甚至消灭了库存，更重要的是，更好地满足了消费者的需求，为社会创造了更大的价值，也为企业带来了更大的利润空间。

发展新制造的意义

在互联网条件下，制造业的转型升级不是独立发生的，而是呈现营销—零售—批发—制造的一个倒逼过程。在这个过程中，制造业出现由需求驱动生产的 C2B 模型，而柔性化是制造端的主要转型方向。实际上，在互联网出现之前，很多大型企业已经在探索大规模个性化定制、拉动式供应链，并取得了卓越的成绩，比如戴尔、Zara 和丰田。但是互联网和电子商务的出现加速了这种进程，更多的中小企业也可以进行这种变革，并从中受益。

新制造的上半身是新零售，下半身是柔性生产，而中国作为全球最大的网络消费市场和制造大国，具备别国不具有的双重优势。互联网带来了新的竞争空间和新竞争规则，如果政策得当，中国在制造业领域完全可以走出一条独特的道路。

① 来源：路透社。

第八章

数字经济如何改变金融业

金融业是比农业更加古老的行业，每一次技术进步都推动金融业也随之发生变化。数字经济将给金融业带来的最大变革，是将推动科技在金融中的应用和金融的普惠化。尽管数字经济时代，金融的本质不会发生改变，但智能技术将能够帮助降低金融交易的成本，扩大交易范围，帮助金融业的普惠化。

金融与好的社会

金融的本质没变，还是交易各方的跨期价值交换，是信用的交换。耶鲁大学金融经济学终身教授陈志武认为，互联网的出现改变了金融交易的范围、人数、金额和环境，但没有改变金融交易的本质。

人们的日常生活中充满了各种不确定性、各种风险事件，因此，对于金融服务的需求，可以说是每一个人都需要的基本需求，但是，在传统金融下面，由于技术的约束，针对大多数人的金融产品成本过高，金融机构无法实现盈利。因此，整个社会中只能有少部分人能够享受到金融服务。随着数字经济的发展，这一状况正在发生改变。

普华永道中国金融科技服务合伙人张俊贤说："中国的金融科技，尤其在大数据、人工智能和区块链实际应用上，量与质均领先全球。我们相信在政府鼓励创新的大环境中，以及金融机构和金融科技公司合作推动下，金融科技将继续快速发展，普罗大众将能获得更便捷的金融服务。"

普华永道发布的最新的《2017年全球金融科技调查中国概要》认为，零售银行、投资及财富管理和资金转移支付将是未来五年被金融科技颠覆程度最高的领域，电商平台、大型科技公司和传统金融机构是这场变革中最具颠覆性的力量。

1997年，诺贝尔经济学奖得主、哈佛大学荣誉退休教授罗伯特·默顿说："仅仅依靠技术本身很难对金融体系中'内在不透明'的服务和产品带来颠覆，金融科技能在某些金融服务领域带来巨大变革，几乎无须人工判断的任何金融业务都将面临巨大的变革挑战。但金融科技本身不能产生信任。"需要信任关系的是人和人之间，是金融企业和它们的客户之间。

阿里巴巴马云认为，"传统的金融解决的是'二八'问题，这问题在中国特别明显，金融机构只要服务好20%的大企业，国有企业、外资企业就行了，80%的小企业，他不需要去管理，做也不一定做得好。而新金融要解决的是'八二'问题，解决80%的消费者和中小企业，如何能够解决我们经常讨论的小企业拿不到钱的问题"。

数字经济的发展，将使得金融变得更加普惠，服务于那些处于原有金融体系之外的群体，推动一个更加美好的社会的到来。

数字经济催生新金融

新金融与传统金融相比是一种新的金融服务体系——它以技术和数据为驱动力，以信用体系为基石，降低金融服务成本、提升金融服务效率，使所有社会阶层和群体平等地享有金融服务，并且它与日常生活和生产紧密结合，促进所有消费者在改善生活、所有企业在未来发展中分享平等的机会。新金融在"五新一平"中的定位如下图所示。

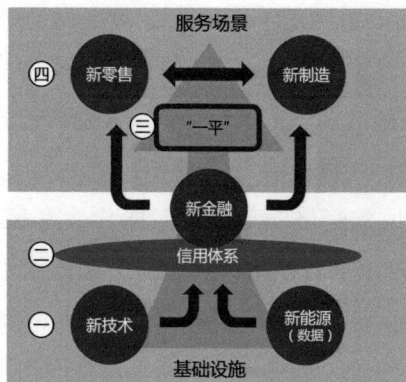

新金融在"五新一平"中的定位
（来源：阿里研究院）

这一定位包含四层意义。

一是新金融以技术为生产力，以数据作为生产资料。两者结合对新金融产生的核心作用在于降低金融服务成本，提升金融服务效率：一方面缓解传统金融在触达获客、系统运营、风险甄别、风险化解等环节中的成本问题，极大地降低单客边际成本；另一方面以高效的算力和智能的算法，结合广谱多维的数据，帮助金融服务中实现决策，极大地缩短从前人工方式需要数天甚至数月的服务周期，甚至达到实时水平，同时避免人为判断失误等原因，达到更精准科学的决策。而金融服务成本降低和效率提升，将最终体现为两方面：一是拓展金融服务的边界，服务于更多人，服务于更多生活和生产场景；二是提升金融服务的体验，让消费者享受安全、便捷、丰富的金融服务。

二是信用体系不只是新金融的基础，也是整个新商业文明的基石。信用体系的作用在于消除信息不对称，建立互信关系，它不只是金融服务的基础，更是整个商业文明的基石。但传统信用体系存在数据来源单一、更新频率低、用户覆盖不足等问题，新金融基于广谱多维、实时鲜活的数据来源，通过高效的算力和智能的算法，建立健全大数据征信，极大地补充了传统信用体系，并且不只用于信贷、保险等传统金融领域，更将其拓展至出行、住宿、教育、就业等更多与日常生活息息相关的领域，成为整个商业文明的基石，推动诚信社会的建立。

三是新金融通过提供平等的金融服务促进包容性经济增长。新金融首先为所有社会阶层和群体提供平等的金融服务，尤其是普通消费者和小微企业，保障社会所有群体共享普惠金融的红利。更进一步地，新金融作为新商业文明的重要一环，进一步发挥金融在资源优化、匹配新供需关系上的作用，让所有社会阶层和群体在公平的环境中共享未来发展机会。

四是新金融服务于实体经济，与日常生活和生产紧密结合。真正将金融与生活和生产融为一体——对普通消费者而言，金融不再是冷冰冰的金融产品，而是支付宝、余额宝、花呗、借呗、退货运费险、芝麻信用分等已成为"家常便饭"的生活方式改变；对企业，尤其是小微企业而言，支付服务解决零售服务"最后一公里"触达问题、基于大数据的企业征信和小微贷款解决"融资难"问题，低门槛、低成本的金融服务成为"大众创业、万众创新"的保障。总之，新金融融入日常生活和生产，与新零售和新制造等新商业文明有机结合，能更好地服务于实体经济。

金融科技（FinTech）

（一）什么是金融科技

按照美国金融稳定理事会 FSB 的界定，金融科技指的是技术带来的金融创新，它能够创造新的业务模式、应用、流程与产品，或者是从而对金融市场、金融机构或金融服务的提供方式产生重大的影响。

再看一看沃顿 FinTech 俱乐部给出的定义：一个用技术使金融体系更有效率的行业。包括哪些技术？大数据、区块链、人工智能，使得我们的金融服务和金融行业效率提高，成本降低，拓展了整个金融服务的广度和深度。这个是我们所说的一个科学的关于金融科技的界定。

金融科技的范围囊括了支付清算、电子货币、网络借贷、大数据、区块链、云计算、人工智能、智能投顾、智能合同等领域，正在对银行、保险和证券领域的核心业务产生巨大影响。

京东金融首席执行官陈生强在康奈尔大学的演讲中，对金融科技进行了一次阐释。陈生强认为，金融科技公司并非市场所认为的只是创业公司，实际上，凡是以数据和技术为核心驱动力，能为金融行业提供服务、提高效率、降低成本的公司，都可以称之为金融科技公司，包括以高盛（Goldman Sachs）、富达（Fidelity Investment Group）为代表的全球顶尖金融机构和投资机构，实际上也已经转型为以数据科技为核心驱动力的公司。可见，金融科技有两大核心：数据和技术。借助这两者的驱动，智能性、便捷性、低成本成为金融科技变革传统金融的切入点，并为金融行业在未来的发展中带来更多机遇。

（二）中国金融科技的发展

摩根大通此前预估，中国的金融科技公司在 2020 年之前能够创造 650 亿美元的销售额，而阿里和腾讯至少占据一半的市场。摩根大通的互联网及新媒体股权研究亚太区主管 Alex Yao 表示，这 650 亿美元的增长额还是在网络普及率只有 10% 的前提下做出的预估。

在 FinTech 领域，支付业几乎占据了一半的市场，阿里和腾讯早已在该领域抢占地盘，分别占据了 55% 和 33% 的市场份额，"线上支付是 FinTech 最重要的基础设施"，Yao 说道，因为其牢固的垄断地位能帮助两家公司进入其他互联网金融领域，例如消费金融和理财。

（三）IBM Watson 如何改变保险业

日本富国生命保险（Fukoku Mutual Life Insurance）宣布他们从 2017 年 1 月开始使用"IBM Watson Explorer"，代替 34 位保险索赔业务员的职位。

"人工智能将扫描被保险人的医疗记录与其他信息来决定保险赔付的金额"，富国生命在一份新闻稿中写道，"受伤定性、患者病史和治疗形式都将纳入理赔金额的考量。人工智能系统将自动搜索数据，完成数据计算任务，帮助该公司剩余的员工更快地处理理赔事宜。"

根据日本《每日新闻》的报道，在此项目中，富国生命将斥资 170 万美元（约合 2 亿日元）引入 IBM 公司的人工智能系统，随后每年的维护费用约为 12.8 万美元。通过使用人工智能系统，该公司将在未来每年节约 110 万美元的开支，这意味着此项投资两年后即可收回成本。"Watson AI 的效率预计会比人类员工高 30%。"富国生命保险的发言人表示，"本公司已经受益于 IBM 的新技术，类似的人工智能系统正被用于处理客户投诉电话等任务。如使用软件识别客户语音，将语音转换为文字，而后分析这些话的内容。"

一些美国公司也在使用情绪分析软件来为顾客提供服务。这类软件一大优势就是可以获知顾客的情绪，当顾客对自助服务系统不满意，系统将自动转接到人工服务上去。

《每日新闻》报告称，另有三家日本保险公司正在测试或引入人工智能系统，它们希望通过智能系统自动完成一些技术性工作，如为顾客提供合理的金融计划。以色列一家保险初创公司 Lemonade 已经募集了 6000 万美元，其首席执行官 Daniel Schreiber 称他们的未来目标是"用机器人和机器学习替代经纪人与文书工作"。

像 IBM Watson 这样的人工智能系统正自信满满地准备倾覆众多知识技术职位，如保险和金融服务。对此，《哈佛商业评论》（*Harvard Business Review*）在一篇报道中认为，这是因为许多工作能"由可以编纂成标准步骤的工作流程和基于标准格式的数据进行决策组成"。引入人工智能意味着提高现有员工的生产力，还是机器完全替换人类工作岗位？一切还有待观察。

"几乎所有的工作都面临计算机在短期内无法处理的关键问题，"《哈佛商业评论》写道，"但是，我们不得不承认越来越多的知识型工作正在屈服于人工智能的崛起。"①

---

① 　来源：日本科技观察。

数字经济改变金融业

新金融出现的背后是两方面原因：一是数字经济时代下数字技术大发展为新金融提供驱动力；二是新经济需要以普惠为核心的新金融有力支撑。

（1）数字经济时代下数字技术大发展为新金融提供驱动力，降低成本、提高效率

技术驱动是新金融发展的驱动力，也是新金融最鲜明的特色，通过数字技术发展，有效解决金融服务的触达、认证、风控、运营、审计等环节的难题。数字技术的核心作用在于降低成本和提高效率两点，最终目的在于：一是拓展金融服务边界，让金融能服务更多人、更多商业场景；二是提升金融服务体验，让所有人能平等地享受便捷、安全、可信的金融服务。

具体来说，移动互联技术有效缓解过去金融获客成本高、用户体验不便的问题，让金融以低成本的方式便捷、有效地触达社会各个群体。大数据极大地消弭金融服务最核心问题——信息不对称性，有效甄别风险，保障消费者权益不受侵害，同时让金融服务风险损失可控、可持续发展。生物识别通过交叉使用人脸、眼纹、虹膜、指纹、掌纹等多个生物特征，已可实现比人眼更精准的远程识别，解决"如何证明你是你"的难题，尤其是为边远地区传统金融服务难以触达的地方提供便捷的金融触达。人工智能技术提升大数据处理效率，并能够通过深度学习的方式不断迭代升级，模拟人类思考方式，用技术拓展金融服务的边界。云计算通过低成本、高扩展性的运算集群极大地降低金融服务运营和创新成本，并提升其服务效能。区块链技术让资

金和信息流动可审计可追溯，保障金融服务透明可信。

相信未来还有更多的数字技术被用于新金融服务，为其发展拓展更多想象空间。

（2）新经济需要以普惠为核心的新金融有力支撑，匹配供需两侧优化

过去五年，中国人口红利所带来的传统动能正在逐步减弱，取而代之的是不断发展以创新驱动的新动能，生产要素通过供给侧改革正在逐步实现结构性优化，生产小型化、智能化、专业化将成为产业组织新特征，这其中，生产更灵活、更富有创新活力的小微企业作用日渐凸显。另外，从需求侧角度来看，传统由投资和出口拉动的"三驾马车"正转变为消费驱动。一方面消费需求规模正在快速增长；另一方面消费方式也正在升级，模仿型、排浪式消费阶段基本结束，个性化、多样化消费渐成主流。

英国经济学家、诺贝尔奖获得者约翰·希克斯曾以"工业革命不得不等待金融革命"指出经济与金融相伴而生的发展关系。如何匹配供给侧改革，为小型化、智能化、专业化的生产提供金融动力？如何促进需求侧优化，为不断增长的个性化、多样化、便捷化的消费提供金融支持？——其核心问题在于有效解决"普惠"难题，即改变过去金融服务围绕大企业和高净值客户的"二八金融"定律，而为千万家小微企业和十多亿普通消费者提供平等的金融服务。

从供给侧角度看，小微企业无法获得服务的主要原因在于单体服务成本高、风险甄别难度高这两方面，而这正是新金融的优势所在——一方面，通过移动互联、大数据、云计算、人工智能等技术不断降低获客和运营所带来的可变成本，单个小微企业的服务边际成本已趋于极低，为包括小微企业在内的所有企业提供平等的金融服务

已成为可能；另一方面，技术和数据驱动的不断完善的社会信用体系已成为新金融的基石，企业信用数据覆盖面的提升也降低了甄别风险的难度，让更多的小微企业可被纳入金融服务范畴。

案例：网商银行的小微贷款基于大数据和云计算技术，为小微企业提供"310"贷款服务（三分钟申请、一秒钟到账、零人工干预），已经为超过 400 万的小微企业提供超过 7000 亿元的贷款，户均贷款余额不到 3 万元，为全社会"双创"发展提供金融支持。

从需求侧角度看，传统金融服务具有一定门槛，使得普通消费者难以获得足够的金融服务；同时金融产品化在公众心目中更趋于冷冰冰、难以理解的形象，普通消费者接受程度较低，在日常生活中难以享受金融服务的红利。新金融与传统金融相比，在这两方面有极大的改善：一是通过技术驱动降低金融服务门槛；二是通过与日常生活场景紧密结合，为客户在生活中提供便捷、丰富、实用的金融服务。

案例：芝麻信用为上亿信用记录缺失而被金融服务拒之门外的用户提供大数据征信服务，并提供不断丰富的征信应用场景，如租车和租房免押金、办理出国签证、申办信用卡等；"余额宝"将理财门槛降低至一元起，普通大众通过互联网理财享受一定收益的同时还可方便地用于日常消费；场景保险中的典型代表"退货运费险"，解决消费者和小商户间的互信问题，减少因交易摩擦而产生的成本，其中大数据技术有效解决了保险中的"逆选择"难题；支付宝为消费者提供快捷、安全的支付体验，即使在偏远农村地区，也可通过互联网或移动互联网方便地购买和城市居民一样品质的货物。

案例：借助京东整体的数据以及在此基础上的用户画像，保险公司能够为已有的寿险、健康险、车险甚至意外险等产品的设计和精算提供数据参考，设计出更符合某些特定人群的定制化产品。此外，通过京东数据，保险公司也将更好地实现对用户的全生命周期管理。

通过京东平台数据发现，某个用户突然在一段时间内增加了在京东商城上纸尿裤、奶粉等母婴用品的购买，那么就可以推测该用户家庭很有可能刚生小孩。在这种情况下，保险机构通过互联网的方式就可以以近乎于零的成本向该用户推介一些符合需求的婴幼儿保障产品，并且根据该用户过往的商品消费档次，推测该家庭的收入水平，提供更加精准的产品推介。

案例：京东保险云是基于京东金融整体科技能力与生态资源的整合，专注于为保险企业提供将底层技术应用于现有保险业务的整体打包解决方案。在这套技术服务平台之上，我们能够为保险机构的产品精算提供数据分析支持；能够将京东现有的保险风控模型基层系统开放出来，针对保险企业在各场景中的业务快速完成风控模型的部署；能够通过京东云辅助理赔系统，快速实现保险理赔流程的对接；能够建立集成财险、寿险、车险等多类产品的营销模型。

据外媒报道，苏格兰皇家银行正准备削减近 2000 个检查新客户可疑特征的工作岗位，该银行首席执行官 Ewen Stevenson 此前表示，这些流程最终可以实现自动化，只需留下少数一些人来处理问题。此外，瑞银也正在借助技术来降低合规部门的员工人数。

法国巴黎银行此前由于客户越来越偏向于使用在线服务而不得不一轮又一轮关闭线下网点，同时宣布裁员。官方公告显示，新一轮的关闭网点数量会达到 200 个，这会使该行在 2020 年以前每年减少 2%～4% 的银行职员。

中国银行业亦有如此趋势。截至 2016 年年底，几大国有商业银行柜员人数骤减。银行的智能化、自助交易和线上交易的大幅增加是主要原因。

据中国银行业协会数据显示，截至 2016 年年底，工商银行共减少柜员 14090 人，农业银行减少 10843 人，建设银行减少 30007 人，中国银行则未披露数据。以 3 年披露数据较全的建设银行为例，该行在 2014 年减少柜员 2851 人，2015 年减少柜员 4881 人，2016 年则骤减了 30007 人。而农业银行 2015 年虽然增加了 6909 名柜员，但 2016 年却一下减少了 10843 名柜员。

新金融：服务实体经济

新金融的价值意义在于它能促进社会向更好的方向发展，包括一个更公平的社会、一个更高效的社会、一个更诚信的社会、一个可持续发展的社会，同时，新金融及其价值在全球都可复制。

（1）更公平的社会——普惠金融体系促进包容性经济增长，金融民主化为所有个体提供未来发展机会上的公平性（普惠）

借助数据和技术，新金融致力于消除由于金融服务成本、风险和效率问题带来的不平等，让每个用户都享有平等的权利自由获取所需要的金融服务，进而促进整个社会在获取生活改善与未来发展机会上的公平性。

数字普惠金融作为可持续与包容性增长的有效实践，其作用在 G20 杭州峰会期间被世界各国所认可，并通过《数字普惠金融高级原则》向全球推广，大力推动整个金融体制改革。

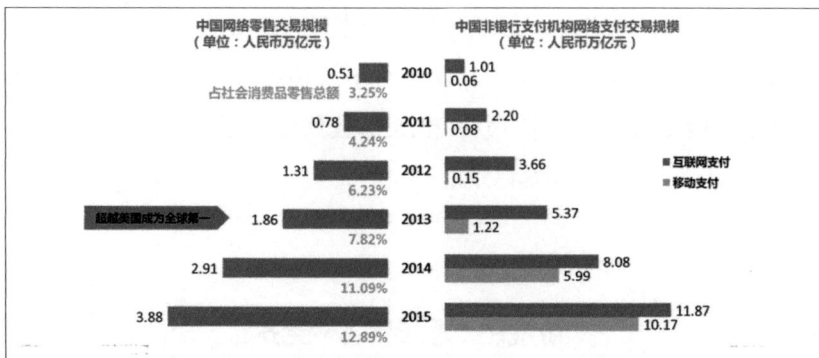

中国网络零售交易规模和中国非银行支付机构网络支付交易模式
（来源：左侧图来自商务部和国家统计局，右侧图来自艾瑞咨询）

（2）更高效的社会——重构资源组织、供需匹配，以便捷高效的金融服务满足经济发展需求（新供需关系）

提高资源配置效率、优化供给和需求两侧匹配关系是经济学的核心问题，新金融依托技术和数据，在服务上不断创新，既满足小型化、智能化、专业化的生产供给，也满足个性化、多样化、便捷化的日常消费。

新金融对消费型经济的促进已初露端倪。以网络支付为例，作为电子商务发展的底盘，激发消费潜力，在世界范围内换道超车，取得领先地位。其他包括消费金融、大数据征信、消费场景保险等金融服务也成为结合生活场景提升消费便利性和安全性，进一步刺激消费的有益创新。

（3）更诚信的社会——完善商业文明的信用基础设施，推动诚信社会的建设（信用社会）

信用体系不只是金融服务的基础设施，也是整个社会经济发展的基础设施。"车无辕而不行，人无信而不立。"信用本质是甄别风险，解决各个场景中的信息不对称问题，在不同场景下具有灵活多变的特性，如在金融领域，可成为风控手段，应用于反欺诈和信用卡、信贷审核等，提高准确率和覆盖率；而在生活领域，则可解决商户与人、人与人之间的信任问题，在出行、住宿、签证、招聘等一系列生活场景中提高双方便捷性和可靠性。

但是传统征信体系并不能覆盖全社会企业和个人。根据 BCG 报告，美国个人征信覆盖率为 92%，中国这一数字仅为 35%。央行主导的中心化征信体系负担过重，需要更多市场化的力量加入，共同促进个人征信产业的发展。

在用户授权前提下，大数据征信依据用户各维度数据，运用云计算及机器学习等技术，为个人或企业提供信用肖像的刻画，成为传统征信体系的有机补充。与传统征信体系相比，具有数据源广谱多维和实时鲜活的特点。

同时，个人良好信用积累所带来的更便捷的生活方式，将对消费者和企业有良好的示范作用，助力推动诚信社会的建设。

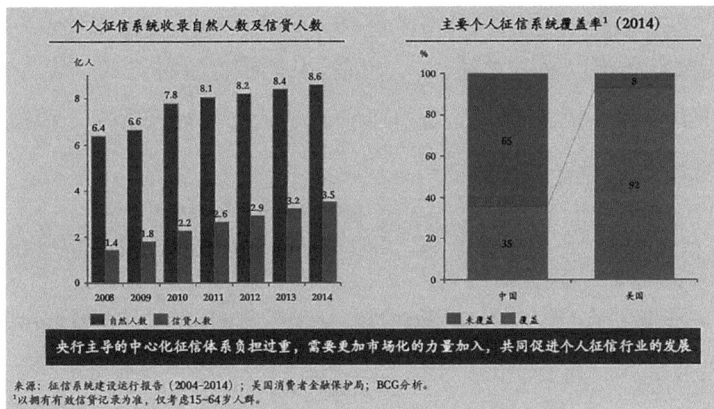

征信体系的分析

（4）可持续发展的社会——推动绿色金融发展，以可持续发展的方式建设节能低碳社会（绿色金融）

中国人民银行在金融改革与发展"十三五"规划中强调绿色金融体系的建设，通过金融服务促进社会经济可持续发展。新金融通过数字技术触达用户，天然具有低碳环保的基因。蚂蚁金服所有金融服务都在线上完成，没有线下网点，包括水、电和煤气等便民缴费让广大百姓减少了许多奔波，初步测算一年至少减少80000吨碳排放。取代纸质票据的电子票据，经测算一年可至少减少720000棵树的砍伐量。

另外，新金融基于生活场景，调动普通民众参与低碳消费生活的积极性，推动绿色消费意识的普及。蚂蚁金服计划为每个用户建立一个碳账户，用于度量其消费、出行、生活等领域的碳减排。鼓励用户步行、自行车出行、乘坐公共交通工具等低碳生活方式，同时希望一些公共交通、环保交通企业能加入自愿碳减排交易（Voluntary Emission Reduction，VER）或者中国核证减排量（Chinese Certified Emission Reduction， CCER）减排机制中，将碳资产在减排企业与使用用户之间进行合理比例分配，鼓励全民主动选择低碳生活方式。同时，支付宝还可以通过秀碳积分、点赞、贴低碳标签等方式，推动低碳、绿色兴趣社交和社群建立，促进各种新生活网络社区形成，积极推广普及低碳意识和绿色生活方式。

（5）可复制——新金融的发展模式及社会价值可推广至全球，为世界所共享（全球化）

新金融实践不仅在中国获得成功，在世界范围内，尤其是发展中国家，也被证实是可行可复制的。2015年年初，蚂蚁金服投资印度电子支付平台Paytm，并为其提供"金融云"服务等技术支持，助力Paytm在一年间突破业务瓶颈，根据2016年4月12日发布的数据，活跃用户数已达1.22亿，是2015年年初的近5.6倍，跻身世界前四的电子钱包服务提供商。"新金融"模式被证实不只"成于中国"，更可"享于世界"。

新金融：普惠金融 [①]

（一）为什么数字技术可以改变普惠金融？

金融大概有四方面的成本：第一，获取用户的成本；第二，风险甄别的成本；第三，经营成本；第四，资金成本。前三个方面都正在被技术深刻地改变，移动互联深刻地改变了人们触达金融的方式，大大降低了金融机构获取用户的成本；风险甄别的基础是信息，而大数据的技术深刻地改变了搜集数据、处理数据、甄别风险的效率，人工智能进一步提高了处理大数据的能力，云计算又大大地提高了大数据和人工智能的效率；云计算的成本和传统IT的成本之比是1：10，成本降低了90%。技术的飞速发展，使得金融的基础设施也飞快地发生深刻的变化，这必然会使金融的模式深刻地改变，降低成本、提高效率，进而改变金融的商业精神。这并不只是理论上探讨的东西，而是正在发生的未来。首先人们的消费方式正在发生变化，2016年"双十一"阿里平台上卖出了1207亿元的产品，其中81.87%是通过移动支付完成的；支付工具也在随着商业和消费方式的变化而演进，2016年为了配合"双十一"，支付宝还上了VRpay虚拟现实支付，看到好看的三维的场景就可以直接支付。

---

① 来源：本部分内容为蚂蚁金服首席战略官陈龙先生在北京大学"北大数字金融讲坛"的发言。

（二）技术推动普惠金融可持续发展

这里提供一些数据。基于云计算技术的支付宝的单笔支付成本早在几年前已经降到 2 分钱，以后会越来越低。"双十一"那天大概卖出 6 亿笔保险，平时超过 90% 的保险都是自动理赔的，不需要人工处理；当天支付宝收到 800 万个电话或咨询，其中 97.5% 是人工智能完成的。从上可以看到，这些年"双十一"对技术的要求越来越高，而用的人工却越来越少了，各种成本、运营的效率，都在发生很大的变化。移动支付现在已经非常普及，在用的人数以亿计，不只是支付宝，还有微信支付和其他支付工具。而且移动支付非常便宜，什么叫便宜呢？消费者在购物的时候不为支付付费，而是支付机构向商家收费。在美国这个费率平均大概是 3% 的水平，在中国现在大概是 0.6% 的水平。

（三）数字普惠金融的发展趋势

趋势一："无现金社会"的到来

现在杭州被称为是全球最无现金的城市，几乎所有日常消费都可以用一部手机支付完成。在杭州带一部手机可以活得很好，各种各样的场景都可以使用。看病可以不用排队通过手机预约，旅行的时候可以不带钱，打车的时候可以用滴滴打车等平台。还有出国签证可以免押金，到图书馆借书不一定要办卡了，用芝麻信用就可以做……各种各样便捷的方式。这样一个不需要现金的社会正在飞快地到来，可能在五年之内，或者更快的时间，很多的城市现金的使用率都会降低，基本上用手机就可以解决绝大部分生活的支付需求了。这是一个非常深刻的生活改变，无现金的社会。

趋势二：多元化信用体系作为数字普惠金融基础，将服务更多人群

信用是整个经济活动的基础。上个星期我在看一本书，叫《未来简史》。它里面讲的一点我很同意——人类之所以进步是因为有两个最核心的东西：一个是文字，文字让人能够有组织结构，有生产关系；另一个就是货币，它促进了劳动分工，提高生产力，使金融起到配置的作用。信用也是社会组织非常重要的部分，信用会产生生产关系，没有信用的社会是不会有经济活动的，更何况金融了。芝麻信用模块现在在很多的场景都可以用到，我相信到2017年春天以后中国大概有三分之一的酒店就不用押金了，直接用芝麻信用就可以了。这会非常深刻地改变金融的可得性。技术驱动的信用体系正在快速发展。

趋势三：以用户为核心，为小微企业和个人用户提供多元化、全面化金融服务

人类历史上没有以个人和小微企业为核心的金融需求，到今天为止各种金融需求都是分散的，以支付、保险、融资、理财等功能区分，互相之间不打通。但由于技术的发展，以人为本，以企业为本，以用户为核心构建整体金融服务的趋势正在发生，无论是传统金融还是互联网金融。该有的风险区隔还会有，但会有"我的金融"的感觉。在个人端，这个金融是围绕"我"的，而不是"我"需要金融还要查该怎么办。在企业端，现在大多数小微企业没有CFO，只是基本的记账，以后小微企业也可能会有CFO。

在蚂蚁金服的支付宝里，可以看到有几个账户的定位，所有的金融都会围绕着你而产生，有资金账户、信用账户、碳账户，还有亲情账户。

碳账户是什么呢？实际上是在支付宝里面种树。本质上来说，

它给了绿色经济一个金融属性，是一个非常好玩的产品。每年冬天我们会抱怨雾霾，但是无能为力，不知道该怎么改变现状。当提到绿色金融的时候，经常是国家宣传、大机构参与，一般的个人和小微企业无法参与，但是在环境问题面前，没有人是孤岛。那怎么办呢？蚂蚁金服在消费者同意的情况下，追踪消费者的碳足迹，换成绿色的能量。用户可以收集自己的能量，也可以收集好友的能量，当一棵完整的树长成时，公益机构会在沙漠里种一棵真正的树。现在已经有超过 2 亿人开通了这个项目，算是爆款产品，每天种成五六万棵。这就是让老百姓能够感知身边的低碳生活，绿色也可以变成财富，希望每个人都能参与。你说它是金融吗？当然是，它让绿色行为可衡量、可交易、可配置，这是最重要的金融的功能。在货币之前人们只能做物物交换，当货币产生后，其最重要的功能就是能够衡量生产要素的价值，能够衡量就可以交易，就可以配置了，生产率就提高了。

2017 年 1 月，蚂蚁金服还跟联合国环境署在达沃斯一起推出了全球首家绿色数字金融联盟，让金融科技公司一起用技术的力量参与绿色金融，让绿色经济可持续发展。用联合国副秘书长的话来说，这是中国历史上第一个私营企业跟国外大型机构 PPP 的合作关系。2017 年 2 月，联合国开发计划署的全球碳市场报告里面也讲到蚂蚁森林是以数字金融为主的技术创新，在全球为世界输出了中国版本，用行动构筑全球命运共同体，在全球碳市场有独一无二的意义。

趋势四：农村金融的供给侧改革

用一个例子来讲农村金融的供给侧改革。蚂蚁金服跟科尔沁，一个很大的龙头企业，一起做供应链金融，有一家农户每年养几百头牛，但是资金不够，没办法养更多的牛，另外他把牛卖给谁也存在很大的不定性。蚂蚁金服跟金融机构合作，给农户贷款，但并不直接给他，而是直接给了科尔沁采购总部采购种牛给农户，目的是专款专用，降低风险。牛长大了以后科尔沁就会收购，加工成农业产品后可以通过天猫卖给消费者。这不但帮助农户解决了资金的问题，还解决了销售问题。农村经济的供应链正在发生深刻的重构，而金融会扮演一个关键作用。这是整体的供给侧改革的一个缩影。

趋势五：成功的实践模式向全球化推广

两年前蚂蚁金服跟印度的 Paytm 合作，当时他们只有两千万名用户，蚂蚁金服输出技术和风控经验，现在 Paytm 已经拥有 2 亿多名用户了，成为了全世界第四大的支付公司。这样的一种技术驱动的金融企业，对全世界，尤其是那些人口众多，金融不发达的国家，包括很多"一带一路"国家，都会产生巨大的意义。中国的模式，中国技术驱动的金融创新，可以走向世界。

第
九
章

数字经济如何改变零售业

新零售：满足个人主观效用

效用（Utility）是经济学中最常用的概念之一。一般而言，效用是指对于消费者通过消费或者享受闲暇等使自己的需求、欲望等得到满足的一个度量。经济学家用它来解释理性的消费者如何把他们有限的资源分配在能给他们带来最大满足的商品上。[①] 经济活动的价值，正是帮助消费者实现效用最大化。

理解新零售，需要重新回到上述判断经济活动价值的标准。在市场经济条件下，我们用来判断经济活动价值的标准在于，最终接受某项商品或服务的用户对这些商品和服务的主观评价。这也意味着，并非投入的成本或服务决定商品的价值，只有这些商品和服务最终满足了使用者的需求，这一经济活动才实现了其价值，否则，只是在攉

① 来源：百度百科。

毁价值。从这一角度出发，年复一年不能消化掉的库存只是在摧毁价值，而不是为社会创造价值。因为这些资源本来可以投入到其他的生产领域，去满足社会的其他需求。

在消费者收入低的时候，需求结构相对单一，主要是一些生活必需品，随着收入的增加，消费者的需求越来越多样化、个性化，而且随时发生着变化。如何更好地满足消费者的需要，需要利用不同技术的比较优势。通过线上线下优势互补，能够更好地满足消费者需要，实现经济活动的价值。

所谓新零售，就是以消费者体验为中心的数据驱动的泛零售形态。新零售的本质在于，无时无刻地始终为消费者提供超出期望的"内容"。传统零售当然也希望以消费者体验为中心，但实现这一目标的手段过于昂贵，除了少数价值极高的产品和服务，比如私人飞机、定制跑车等，产品的生产和销售者才会花大量的时间和精力去了解客户的需求，对于大众产品，零售商和生产者可以说是有心无力。随着数字经济时代的到来，实现这一目标正在成为现实。在新零售时代，了解消费者需求的成本急速下降，而随着人工智能的广泛应用，零售商将能够更好地了解消费者的需求，这些汇集的信息也将帮助生产者、流通行业更好地配置资源，生产出更加满足消费者需求的产品，减少不必要的物流成本。

区别于以往任何一次零售变革，新零售将通过数据与商业逻辑的深度结合，真正实现消费方式逆向牵引生产变革。它将为传统零售业态插上数据的翅膀，优化资产配置，孵化新型零售物种，重塑价值链，创造高效企业，引领消费升级，催生新型服务商并形成零售新生态，是中国零售大发展的新契机。

高盛则预测，到 2025 年，人工智能在零售业每年将节省 540 亿美元的成本，带来 410 亿美元新收入。于永利认为这仍然是个比较低的预估，未来人工智能给零售业带来的利润和收益远不止如此。2015年，仅京东的客服机器人 JIMI 一年节省的成本就是上亿元。

新零售诞生之原因、特征

新零售产生的原因包括技术变革、消费者认知变化和行业变革三方面。在技术层面，新商业基础设施初具规模：大数据、云计算、移动互联网、端；智慧物流、互联网金融；平台化统一市场。互联网发展逐步释放经济与社会价值，推动全球化 3.0 进程。

在消费者认知变化层面：消费者数字化程度高，认知全方位，购物路径全渠道；中国消费升级引领全球消费增长，新一代价值主张，从活下去到活得更好。收入水平低的时候，消费水平很单一，主要是要生存，最重要的需求是卡路里。但随着收入水平不断提升，消费需求的多样化和个性化迅速增加，如何活得更好成为最主要的关注点。

在行业变革方面：全球实体零售发展放缓，亟待寻找新的增长动力。中国实体零售发展处于初级阶段，流通效率整体偏低，缺乏顶级零售品牌。多元零售形态涌现。

数字经济下兴起的新零售具有三大特征。

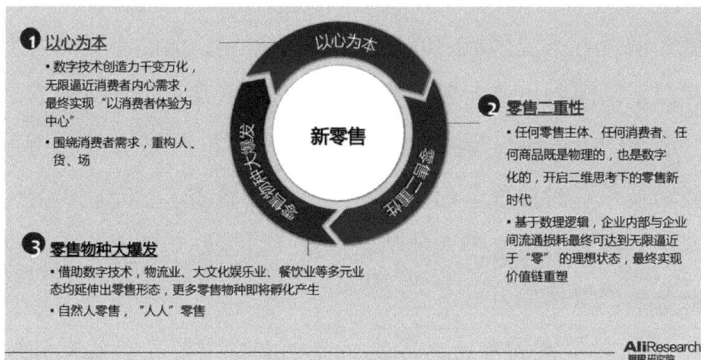

新零售的三大特征

以心为本。数字技术创造力千变万化,无限逼近消费者内心需求,最终实现"以消费者体验为中心"。围绕消费者需求,重构人、货、场。

零售物种大爆发。借助数字技术,物流业、大文化娱乐业、餐饮业等多元业态均延伸出零售形态,更多零售物种即将孵化产生。自然人零售,"人人"零售。

零售二重性。任何零售主体、任何消费者、任何商品既是物理的,也是数字化的,开启二维思考下的零售新时代。基于数理逻辑,企业内部与企业间流通损耗最终可达到无限逼近于"零"的理想状态,最终实现价值链重塑。

新零售与传统零售的区别与联系

总的来讲,新零售将最大程度地提升全社会流通零售业运转效率,与传统零售的区别主要体现在以下四个方面。

一是智能化技术打通虚拟与现实各个环节,实现实体与虚拟深度融合，传统零售的人、货、场在物理空间和时间维度上得到最大的延展，消费者不受区域、时段、店面的限制，商品不受内容形式、种类和数量的限制，消费者体验和商品交付形式不受物理形态制约。

二是消费者实时"在线"，品牌商与零售商以消费者为中心，利用数字技术随时捕捉全面全域信息感知消费需求，完成供需评估与即时互动，激发消费者潜在的消费需求，提供给消费者全渠道全天候无缝融合的消费体验及服务。

三是回归零售的本质，零售企业利润将主要来自商品和服务的增值，而不再是信息差利润。中国传统零售业在发展过程中以商业地产租金、联营扣点方式赚取高额利润的模式将不可持续，借助新技术和新资源降低成本，尽可能为消费者提供差异化的满足个体需求和用户体验的商品及服务，才是零售发展的方向。

四是全供应链数字化，流通路径由复杂向简单转变，供应链前端更加柔性灵活，数据化管理为实现库存最优化乃至"零库存"提供精细的决策支持。供应链后端形成快速高效经济的新仓配一体化，供应链、交易交付链、服务链三链融合。部分供应链中间商职能产生转变和分化，成为新生态服务商。

娱乐化、智慧型的超级购物中心将大批涌现

过去的购物，人们仅仅只是停留在买卖；而今天的购物，成为了一种线下的生活方式，这对于线下的零售业生态也带来了巨大的变化。一边是单个门店的线下实体变得越来越少，未来还将会继续有更多的门店关闭；另一边却是越来越多集合超市、逛街、电影、亲子、餐饮等众多消费于一体的超级购物中心开始不断涌现。

人们在购物的同时，还会有娱乐、餐饮等消费需求，综合一体化的大型购物中心也就应运而生。尤其到了周末，越来越多的恋人或者带着小孩的一家人会去这种超级购物中心共度周末，体验智慧新生活。

定制、个性化的消费正在成为新趋势

随着消费的不断升级，品质消费、个性化消费也开始日渐崛起，越来越多的线下零售店也开始推出个性化、私人定制的商品：如有的服装店可以根据你的尺寸定制服装，有的食品店可根据你的口味定制食品，有的蛋糕店可根据你提供的照片定制独一无二的蛋糕……

人工智能、大数据等新技术的运用，对于满足用户个性化的需求起到了一种至关重要的作用。借助大数据能够实现对用户个性化需求的精准把握，而借助人工智能则能够实现对用户定制、个性化消费的精准推荐，也能打造出更多的个性化服务和产品。

零售供应链也正在重构

在新零售时代的影响下，越来越多的品牌生产商正在把线下门店作为自己的线下体验店，用户通过线下体验之后可以直接通过其线上平台下单消费。这种线下的体验一方面能够树立生产商的品牌形象，也让用户更了解自己的产品，给新产品起到一个很好的宣传推广作用；另一方面，线下的体验也能够带动和刺激用户的消费。

那么，无形之中这就会对整个零售业的供应链环节产生巨大的影响，生产厂商将会去掉批发商、零售商环节，而是直接把线下门店作为自己的直营体验店，把线上平台作为厂商直接连接消费者的预订平台。也就是说，批发商、零售商将会变得越来越少，而直营体验店将会越来越多，整个零售供应链正在重构……

新零售的核心是零售与数据的结合，而非简单的零售线上化（当然零售线上化也并不简单，从亚马逊、8848 开始，我们足足走了 20 多年）。阿里研究院在其《新零售研究报告》中将以心为本、零售二重性和零售五种大爆发归纳为新零售的三大特征，而这三点都是围绕零售的数据化展开的。

随着用户数据的日益完善，如今不仅仅是在线上购物，即便是我们在 Shopping Mall 这样的线下场所购物，依靠传感器和智能手机定位，消费者的画像依然可以被清晰描述，这也使得零售经营者能够更理解用户随时随地的需求，从而提供更精准的推荐与服务。

这种数据化不仅仅是用户画像的数据化，同时也是经营理念和商业组织形式的数据化思维，在人被以比特计量的同时，商品也同样被比特化，甚至过去只能在线下进行的诸多服务，比如英语教学、音乐教学、兴趣爱好培养等也可以被线上商品化，这直接带来的将是经营者运营思维的转变，以及零售价值链的重塑。

在新零售的背后，人工智能同样也在改造供应链和仓储物流，以标品的图书管理为例，在过去大型电商的图书的采销需要处理几十万 SKU，而随着数据化水平的提高和人工智能的应用，机器可以极大程度上代替人工完成这类标品的采购、入仓、补货、运营等环节。

物理学家霍金曾警示道，"人工智能和日益发展的自动化将大量取代中产阶级工作……从某种程度上讲，这就是破坏性创新，冲击不可避免。"

的确，破坏性技术的发展速度往往会超过用户需求的增长速度，这也是克莱顿·克里斯坦森代表作《创新者的窘境》中的核心观点之一。技术发展很多时候并非由用户需求驱动的，反而是新技术的产生和应用，刺激和带来了新需求的增长。

或许在贝佐斯眼中，由于缺少破坏性技术元素，小米努力要开的 1000 家线下店并非真正的新零售。根据亚马逊公布的计划，其将在西雅图尝试建立名为 Amazon Go 的新型商店，顾客可以进入商店挑选商品并直接拿走，唯一需要做的就是登录 Amazon Go 的 App 进行签到，依托于射频标签技术，亚马逊会在顾客离开商店时自动结算。

尽管美国某工会曾有成员抗辩，"自行结账系统实际上更慢、更低效，需要投入更高的监控成本"，但这似乎并不能阻挡 Facebook 上年轻人对这一新型商店期待的热情。

而在国内，阿里巴巴、京东也早已推进新技术在各个领域的储备和应用，最直接被影响的就是后端的供应链和物流环节。

零售学中有一个概念叫"牛鞭效应"，指的是从零售商订货开始，经过多级分销商传递到品牌商的过程中，每增加一个层级，其粗放乐观的销售预估导致的产能过剩和产品滞销现象则越严重，最终库存将整个零售链条的各级拖垮。

随着数据化和人工智能技术的应用，从销售数据的预测到实际销售数据的分析，供应链的每个环节变得更加精准，甚至向 C2B 模式靠拢，这其中造成的销售预估误差越来越小，销售链条的环节也被不断缩短。

在物流仓储环节，京东和阿里巴巴都已经发布了其无人仓储系统，甚至推出了同亚马逊如出一辙的无人机送货计划，仓储物流的自动化直接带来的结果将是这一原本电商最重要的环节效率提高，成本优化，进而创造更大的利润空间。

除了巨头，垂直领域的电商平台同样也有着自己的新技术应用方式，甚至有时因为他们更聚焦某个特定群体或场景，从而能够获取更丰富的数据和更精准的用户画像。

以母婴领域的贝贝网为例，其拥有中国最大的妈妈人群用户（7000 万），月活跃人数超过 1100 万，日活跃人数达到 300 多万。并可以基于其购买数据和浏览行为提炼出多维度的用户特征，进而进行定制化的商品推送，人群的聚焦带来的是算法模型训练难度的降低和最终效果的提升。

特定人群的精准数据帮助像贝贝网这样的垂直领域电商平台更容易建立其壁垒，因为面对这一人群，垂直电商反而更能够实现阿里研究院所说"以心为本"，为用户提供个性化、精细化的运营服务。

有报道称，张良伦这位被徐新看作"有刘强东影子"的首席执行官，已经为贝贝网储备了超过50人的大数据团队，并组建了供内部使用的私有云。大数据应用于智能推荐、用户画像、采购、仓储供应链将极大地提升运营和供应链效率。而智能关联推荐、语音客服机器人给用户体验带来明显的提升。人工智能、大数据等新技术已经深入到贝贝网的各个业务场景。

随着语音识别、图像识别，以及自然语言理解技术的深入发展，以图搜商品、基于聊天机器人的购物助手、智能客服都有望成为基础性技术，被每一个像贝贝网这样的垂直电商平台所应用，而不是被巨头所垄断。

但最初应用新技术的经营者，也往往更能够利用新技术的红利，只是这种事情在历史上并不常发生在近乎于垄断者的巨头身上，往往是跟随者以及创业者把握住了这样的机会。

新零售发展的新契机

（1）中国实体零售业整体处于初级发展阶段，发展相对缓慢，业内尚未产生"顶级"实体零售品牌商

发达国家以美国为例，1840年后的近200年中，伴随着工业化

和信息化的技术革新，零售业先后经历了工业化和信息化，形成了成熟高效的大流通格局。而中国自20世纪90年代后，工业化和信息化交织进行，零售业态紧密相接地出现，用20多年的时间走完了美国超过一个半世纪的零售业态变革，行业整体处于初级发展阶段。

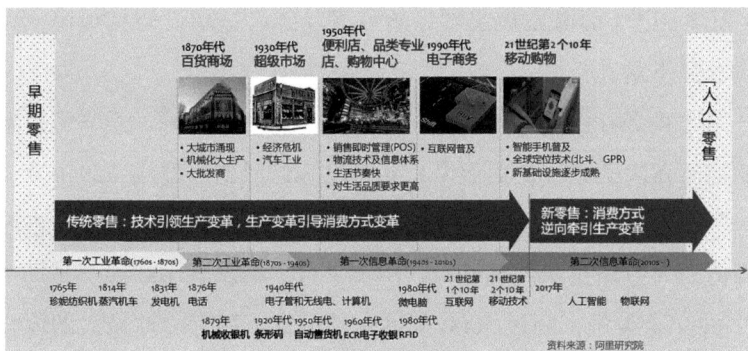

人类零售演进史

（2）流通链条上批发零售业整体效率偏低，电子商务发展带动"最后一公里物流"的发展

中国物流发展现状受制于工业化发展进度，综合大物流体系尚未完成，物流信息化程度偏低，此外，物流标准化程度低，使得商品周转率停留在较低水平。国内整体批发零售业交易效率偏低，据阿里研究院测算，美国的批发零售业交易效率是中国的1.56倍。近年来，中国电子商务发展带动物流配送发展，两者体量发展呈正向相关，特别是"最后一公里物流"的发展，显著高于实体商业基础设施建设发展的速度。

一个通过提高效率带来巨大收益的例子是小米之家。小米新零售战略模式的小米之家（线下连锁店），由小米自己管理。开了50多家，年度营收过亿元的店面已经突破了8家。单店成本控制在了7%以内（包括总部成本就在 9% 以内），坪效（每坪的面积可以产出多少营业额）目前稳定在每平方米 26 万元人民币。这个效率大概是老牌电器连锁企业的二十几倍。未来三年准备再开 1000 家，覆盖一、二线城市（考虑到客流量，这个模式可能不适合县城和乡镇）。

（3）电子商务发展迅猛，新零售基础设施建设初具规模，大数据技术突飞猛进

电子商务在中国高速发展的十余年中，含云计算、互联网金融、智能物流在内的数字化商业平台基础设施已经初步建成。2016 年"双十一"，全天交易额 1207 亿元，数据的背后是承担 12 万笔 / 秒的交易峰值的大数据技术处理能力。淘宝平台上活跃着 100 种交易场景，60 多种交易类型，超过 3000 多种营销形式，拥有全球最大的混合云部署架构。大数据个性推荐技术时间颗粒度被不断细分，可根据多项行为数据近乎实时地为消费者提供精准推荐。

（4）中国消费者的数字化程度较高，更具智慧，购物路径凸显全渠道特色

从广度上讲，CNNIC 发布的《中国互联网络发展状况统计报告》指出，截至 2016 年 12 月，我国网民规模达到 7.31 亿，互联网普及率为 53.2%，手机网民规模达 6.95 亿。网民中使用手机上网的比例为 95.1%，手机在上网设备中占据主导地位。从深度上讲，2016 年，中国网民的人均天上网时间超过 3.7 小时，位居世界前列。

中国消费者的数字化程度较高，更具智慧，购物路径凸显全渠道特色。BCG 研究表明，在消费者最终决定购买某一产品前，平均每个购买行为有 3 个激发点及 4 次搜索比较行为。

（5）消费升级

中国正在形成以消费为主导的经济增长新格局，超大城市居民

消费水平已接近日韩，主要具有以下升级特征：一是消费新内容。居民的消费结构随收入增长呈现"先商品后服务"的阶段性特征，未来将是医疗护理、娱乐、金融服务保险占比不断攀升的时代，与闲暇生活相关的服务、娱乐、体验式消费刚刚起步，虚拟形式的内容及服务，如直播等形式将拥有更为广阔的发展空间。二是新一代消费。伴随着互联网长大的"数字原住民"（1980～2000 年出生的人口，目前约占中国总人口的 30%），他们身上聚集了两代人的财富，具有较高的消费倾向和超前消费意愿，追求在产品形成和消费中的参与感，并乐于分享。三是个性多样的消费。中国城镇化进程的差异、居民收入阶层的多样性、年龄的层级分布等决定了中国未来消费的阶梯特征，如农民工消费普及和中产阶层消费升级并存，二、三线城市复制一线城市的消费潮流之后再向低线城市扩散，"80 后"成为消费主体同时伴随银发消费的崛起，女性消费特性在互联网时代被放大。四是消费新主张。与炫耀性消费不同，消费新价值主张以鲜明、年轻、时尚和自由为特征，消费更加回归理性，主要目的是"愉悦自己"，那些给消费者带来差异化终极体验的商品和服务将凸显竞争力，博得溢价成为赢家。

无须排队只是开始：Amazon Go

2016 年 12 月 5 日，亚马逊官方在 Youtube 上播放了一个 1 分 49 秒的宣传片，展示了 Amazon Go 概念店。与此同时，亚马逊在西雅图开了这么一家特别的商店，目前只对亚马逊员工开放，处于测试阶段。据悉，这家名为"Amazon Go"的新型零售商店占地面积为

1800平方英尺（约合167平方米），主要售卖即食食品和生鲜，店内使用传感器进行实时监测。根据亚马逊的介绍，Amazon Go和传统零售店最大的不同在于，这里无须排队结账，甚至连结款台都没有。消费者走进店里，打开Amazon Go的App，扫描一下二维码就可以去货架选购了，他拿取或放回了什么都能被感应追踪，而大量传感器会将这些实时变化传递给App。选购完之后，消费者无须亲自结算就可拿着商品直接出门，因为App绑定了信用卡等支付方式，可自动完成结算。

亚马逊在宣传片中介绍道："在这里，消费者无须亲自结算，这种技术和自动驾驶是一样的，涵盖了计算机视觉（Computer Vision）、感应器整合（Sensor Fusion）和深度学习（Deep Learning）。这种'拿起就走的技术（Just–Walk–Out Technology）'会自动甄别出商品是被拿走还是被放回，并将信息传到消费者的虚拟购物车中。"亚马逊从中可以得到的信息是，Amazon Go使用了极大的人工智能作为支撑，包括计算机视觉、感应器整合、深度学习三项关键的技术力。由此也才实现了其宣传语中所说的"No Lines.No Checkout.（无须排队，无须结账）"的特色。

对此，零售研究公司Conlumino总经理Neil Saunders表示："结账通道一直是商店购物体验中效率最低的部分。省去这一流程，不但能够节省大量人力成本，而且能使消费者对结账体验更加满意。"

移动营销服务商费芮互动首席执行官蒋美兰也向亿邦动力网指出，Amazon Go不仅实现了购物过程最后支付环节的最大化便利，还对消费决策过程做了简单解析，即可以识别顾客想要买又犹豫、拿起又放下的这个过程。"我认为，'懒'是未来最大的商机，这里面包含了宅经济和方便性两个方面。在购物上，移动支付是方便性的其中一个解决方案，而 Amazon Go 则是更具象地将方便性，也就是'懒（懒得排队）'，发挥到了极致，是一个最短路径的最大化解决方案。"蒋美兰这样评价道。

亚马逊新零售店是对消费者的进店、购物收银和退换货的三大场景进行了革新式探索，实现线下无现金购物流程，无须排队等候人工收银，线上、线下商品价格信息打通、同步，会员也实现线上、线下的闭环，最终的目的是让消费者感觉便利，极大地释放消费者的购物欲望。[1]

素型店

实际上，相比 Amazon Go 更多还停留在 1 分 49 秒的概念宣传视频阶段，阿里巴巴早就在成都落地了一家新零售线下店。从表面上看，阿里的新零售线下店没有 Amazon Go 炫酷。但经过三个月的试运营，也有了些实在的效果提升。

数据显示，阿里巴巴新零售平台改造的首家线下试点店客流同比 2016 年增长了 5 倍，店铺销售业绩提升了 3 倍左右，坪效提升了 3.5 倍，连带率从原来的 1.3 提升到 2016 年 8 月的 3.8。

Amazon Go 和阿里巴巴新零售线下店可以算是中美电商巨头对"新零售"的一次"共振"。两大电商巨头对新零售理念的探索虽然手法各异，但却属于创新的殊途同归——亚马逊更注重"黑科技"为现有商业场景带来变化，阿里巴巴则是希望通过改变商业场景来进行人与人的连接。

因此，在惊叹 Amazon Go 的"黑科技"之后，《商业观察家》将 2016 年 11 月 28 日对阿里巴巴新零售店的逛店体验分享——阿里如何

---

[1] 《齐鲁晚报》，2016年12月12日。

改造首家线下零售店素型生活馆成都凯德金牛店。当然，整个淘品牌走到线下、线下融合的全渠道都只是阿里"新零售"计划的冰山一角。

数据选品

阿里改造的素型店是一家服装服饰店？其实不然，因为在其1500平方米的面积内，商品品类的跨度之大乍一看也是很令人吃惊的。

VR暴风眼镜、基本生活的茶具、优品的秤、雅梦的美容仪、罗辑思维的书籍……这些看似与服装店不搭的商品都集合到了素型店，并且购买轻松，所有品类都可以套选，陈列都是复合型的？洗护跟香薰放在一起；以浓郁森林系为主题的女性受众服饰店，搭上了部分意树品牌的男装；香薰、精油、美妆洗护、家居家纺、食品咖啡、茶品等大面积出现在一家服饰门店，甚至还有书吧、咖啡吧。而这些品类的跨界混搭给素型门店贡献的关联销售比较可观：生活区销售可以占到28%～30%的比例；茶品占非标品类每月销售份额的20%；家居品类占非标品类销售份额的15%。

品类组合的逻辑来源于阿里的大数据分析。

素型店所在的成都凯德金牛购物中心位于成都北部，是一家社区型购物中心。素型店本身是会员型的集合店，定位女性会员。

阿里新零售项目团队首先根据阿里的大数据，包括淘品牌的消费排名、关联销售，对购物中心方圆5公里的用户数据源进行了调取和消费偏向、消费属性的画像分析和需求整理，以此确定素型店的商品结构、价格带以及店铺选品。

举几个例子来说明一下。

一是用大数据帮助分析出在素型店所在的成都北部区域，最受欢迎的品牌、款式是哪些。由此能将海量商品按照门店所需进行精准化筛选，降低门店库存风险，提升资金周转率。

二是在店铺改造的整体装修设计当中，规划区域的时候，阿里发现素型店周边服务的人群的偏好，一个是茶，另一个是家居。因此，素型店拿出两块面积来做茶品和家居用品的销售。

三是看上去整体上是面向女性受众的服饰集合店，但考虑到逛街的男性购物需求，匹配了一定比例的男装和调性匹配的男装品牌。

消费偏向和消费属性的画像形成后，素型店的客群精准到了25～35岁女性消费者。

门店从装修风格到店内陈列方式到商品组合方式到售卖的商品因此都围绕这个定位而服务——选品上，不断用数据筛选、匹配出的合适素型店核心客群的品牌商家。例如，淘品牌从开业之初的59家精减到41家。而这些淘品牌都是从阿里117家进行O2O试点的淘品牌的"品牌池"中挑选出来的。

店铺内品类按照大数据匹配出的消费偏向进行跨界混搭组合、编辑——从原来以经营服饰、鞋、配饰为主，搭配服装占28%，鞋、包、配饰占50%，洗护、美妆、家居、茶品及休闲等占22%的真正意义上的生活集合店。

而此前，虽然素型店改造前的定位也是集合店，但主要只有服饰、鞋帽为主的集合，门店内也设有茶座，有饰品，但整体感觉更像是作为店铺"装饰"硬件出现，而不是现在能创收、能提升连带率的有效品类。

比如，素型店设置了上海家化产品的销售区。引进上海家化是源于阿里大数据分析，发现上海家化的品牌非常符合素型店的客户群。上海家化旗下佰草集在凯德购物中心本身已有一家线下专卖店，结果两家对比数据发现，素型店关联的上海家化产品销售区每月的销售额，还略高于线下专营的门店。

数据对商品陈列、品类组合和编辑卖场的效果，还体现在连带率。

阿里巴巴商家事业部陶武介绍，在一般的传统线下门店，连带率达到 2 就是线下店非常好的业绩。素型店在 2016 年 8 月的连带率是 3.8，9 月到 10 月的连带率达到 4。

陶武介绍，目前门店的数据分析还只是基于 LBS 地理位置和阿里大数据应用的第一阶段，阿里巴巴还会在会员到店后进行消费记录包括浏览商品轨迹的到店行为分析，基于会员的打通，在顾客完成支付的时候，进行数据的沉淀。而数据沉淀后，会员的数据就可以运营，包括素型店会员近期的复购率、购买情况等都可以掌握，结合线上的分析，可以进行有别于传统门店更为精准的营销推荐。

供应链改造

阿里巴巴新零售目前在尝试的第二个价值挖掘是 B2B，改造线下供应链。

线上、线下"同一盘货"的"商品通"首先难在很多线下店并不控货。由此，阿里巴巴新零售中的全渠道破题也尝试从供应链源头解决"商品通"。

阿里巴巴新零售平台建立了一个线上的 B2B 供应链平台，让淘品牌和线下商家达成在线签约、在线交易和在线供货，由此，信息会留存在平台。商家基于零售商的数据来进行供货。

通过数据选品、在线供货，实体店铺的供应链可明显缩短。阿里商家事业部总经理张阔举的一个例子是，线下服装行业，通常需要提前 9 个月订货，而类似素型店这样的门店，只需提前 1 个月就能向淘品牌订货。

以往供应链周期长，在于商家很难预判和实时掌控市场流行趋势的变化。数据分析的导入一定程度上能指导完全由人工经验主导的商家，加速上新，实现"款多量少"订货，并有效降低库存风险。

淘品牌商品通过阿里巴巴提供的新零售平台完成B2B的采购后，入库时每个产品再贴上一个二维码，通过平台将淘品牌的商品信息、价格信息等跟门店时时同步，同时信息也会在素型店的购物大屏以及线上实时同步。

线上、线下交互

阿里的新零售则是通过技术和工具赋能线下零售店，从门店选品、关联销售、留存沉淀数据、提供线上会员服务等全场景化的数据支持，连接人与人、人与商品，改造下单场景、交易场景来实现购物的便利化。

目前，素型店能够做到的是：线上、线下实时同款同价。所有商品都有一款二维码标签，扫商品标签二维码，会出现实时的线上销售价格，顾客可直接在前台买单，或者直接用手机在线上买单，商品则可以选择门店现场自提或选择快递到家。这样就实现线下店铺的"24小时不打烊"。而这背后的解决方案不只是一个单一的支付环节，而是包括高德提供选址数据，菜鸟提供商品物流信息，支付宝提供支付方案，以及天猫、淘宝提供的选品、商品相关性、会员服务等全商业链路场景化的解决方案。

可见，阿里新零售的思路是希望通过选品—供应链反应—资金周转—支付下单，用技术工具来提升整体线下店铺商品流通速度，同时在消费者端提供便利。服务工具上，阿里巴巴新零售的解决方案是用一个POS集成收银体系和ERP系统，解决收银、退款、打印小票等所有进、销、存工作，提升人的效率。

阿里巴巴新零售也开始识别和抓取顾客的消费行为。比如即将上线的御膳房的一个项目是，会抓取门店中所有区域消费者在每个路线当中的热度、停留时间，对于门店当中商品保持关注的时间长短，试穿频次，调整门店商品的规划和商品的选品，以及陈列方式。

比如通过抓取的门店动销率，通过门店主销区和次销区的分别，可以把门店过季的商品和销售额比较低的商品在某个区域进行集中的展示、打折、促销或者处理，提升商品动销率。

阿里巴巴新零售对线下购物场景的改造还包括将线下门店打造成与线上交互的"秀场"。

阿里巴巴商家事业部新零售项目负责人韩操说，现在传统的线下门店的营销玩法无非就是打折、赠品等，素型店跟新零售平台合作以后，设计了一个线上直播的功能，在门店开辟了一个线下体验的"秀场"，开业至今已经试验了很多品牌厂家互动的直播活动。3个月后，阿里巴巴将整合资源，比如千牛直播将作为第一批的直播平台引进。届时，很多淘品牌将把新品发布放到线下的秀场，整个素型店的消费者体验将形成"买完了以后可以秀"的展示的平台，门店成为一个互动营销的线上线下交互的新体验场所。

在"双十一"复盘会上，阿里巴巴集团首席执行官张勇阐释"新零售"时就提及，新零售不单是线上、线下融合的全渠道，目前至少应该包括全渠道，网红经济，娱乐化营销、全域营销等新一代营销模式与用户的交互行为；人工智能、虚拟现实、增强现实等未来新技术对商业的驱动；业务数据化；反向影响供应链，实现 C2B 等多种表现形式。

而直播、秀场等玩法的引入，也能改变门店导购的服务场景，使后者不再局限于实体店的销售服务工作，比如闲时做电商客服，忙时则做实体店销售服务，提升人的效率。

概括来说，阿里巴巴在素型店上做的新零售试验，寻求的是全商业场景化的解决方案。目前主要的手法是依靠大数据，基于顾客 LBS 地理位置为线下店做客户群定位、选品匹配和关联销售，最终用有联想的、体验式的场景陈列，便利的会员服务，勾起消费者强烈的购买欲望。这种探索如果成功，就是对线下消费者动线和消费场景的改变。

阿里巴巴商家事业部总经理张阔称，素型店是阿里首家新零售改造的线下试点门店，目前还处于试运营阶段，更多新零售功能还在陆续开发中。未来每天看到的成果都会不一样。

新零售发展展望

新麦肯锡：未来 15 年，中国将贡献全球消费增量的 30%。中国消费者消费模式正在发生转变，消费结构与发达国家日益相像。到 2030 年，中国家庭全年在食物上的支出占比将继续下降，而"可选品"和"次必需品"的支出将持续显著增加。

国家统计局：2016 年，中国最终消费支出对国内生产总值增长贡献率达到 66.4%。

阿里研究院发现，国内高端消费群体消费特征接近日、韩水平。质量诉求逐渐取代价格诉求。高品质、高科技、个性化、小生活主义代表消费升级方向。阿里新消费指数显示，运动户外及家具品类升级意愿明显。

电子商务在中国高速发展的十余年中，含云计算、新金融（互联网金融）、智能物流在内的数字化商业基础设施已经初步建成。中国零售发展已经不再仅依赖和跟随实体建设而按部就班发展，以物流建设兼顾实体建立及仓储配套，绕过时效相对滞后的实体设施建立，通过虚拟渠道和市场分发销售商品，将大幅度节省实体零售覆盖中国全境发展的成本。

虚拟与现实在数据上实现打通融合将最大程度地提升全社会流通业运转效率。以虚拟发展带动实体发展，反向提升中国实体发展信息化数字化水平，线上、线下高效融合，促动商流、信息流、物流在实体与虚拟中自由流动，从而形成独具特色的中国新流通新零售发展道路。

展望技术发展更为广阔的未来 30 年，我们所处的世界将进一步深度数字化，内容势必不断从 2D 向 3D 乃至高维发展，使得以中国新零售带动的全球零售发展更加充满想象。

从交易主体上讲，任何人都可能成为零售商。零售不再是某个企业的特权，零售趋于大众化，畅想未来，甚至机器人也可以成为交易的主体。从交易对象上讲，未来所有物品都会成为可交易的商品。任何物品和服务都将被赋予价值，不拘泥于是否有形和权属形式。从空间上讲，任何场景下零售都将可以实现。交易空间被极大地延展，地球上的任何角落甚至是外太空都有可能成为交易场所，货币形态呈现多样化。

我们不难设想，随着数字化的深入和技术进步，交易朝着自动化和智能化的方向发展，全球经济形态最终将被以交易为中心的新型经济改写。

未来，整个线上和线下数据能够完全打通。就是商品通、会员通、服务通，"三通"是新零售非常好的起点。以数据为基础的商品、会员和服务的全面打通，给共享未来更多新零售的场景，提供了一个非常重要的基础。

回归到商业本质，回归业界都熟悉的流通领域三大核心商业元素——人、货、场（场景）。新零售也是基于人、货、场三要素和互联网完成重构。相信围绕人、货、场三要素会不断产生重构的化学反应，从而以大数据、新技术，以互联网驱动不断演化产生全新的反应，能够使得消费者获得随时随地的全新体验，能够使得商业经营获得更高的效益，消费体验获得更多的便捷，这都是双方全渠道不断打通带来的新机会。这一趋势变化也会贯穿在双方合作之中。双方合作框架涉及：两大商业领军者将基于大数据和互联网技术，在全业态融合创新、新零售技术研发、会员系统打通、供应链整合、支付金融、物流协同六个层面展开全方位合作，为消费者提供随时随地多场景的消费新体验。

无论是在零售的创新，还是在会员、供应链、物流各个方面的创新，最终衡量的标尺一定是双方能不能创造一个新零售全新业态。大家觉得似像非像，但却从来没见过的业态，它像商场又不是传统商场、像购物中心又不是传统购物中心，它是一个消费的社区又是一个吃、喝、玩、乐的中心，又是一个消费者连接的中心，又是一个一个新的社区、社群，真正基于消费多场景提供便利。如果双方合作孵化出诸多大家都看不懂的业态，那么路子就走对了，这才是双方集团基于新零售共同努力的目标，最根本在于双方基于各自全业态和业务模块，希望通过大数据链接不断产生化学反应，对彼此也做了双方各自的承诺。

第十章

无人驾驶、智慧物流

无人驾驶：生命诚可贵

据联合国统计，2013 年，全世界死于交通事故 125 万人，相当于每天坠毁 10 架波音 777 客机。这些事故，绝大部分是人类自身因素造成的，马路杀手越来越多。人类驾驶本身成为了一项非常危险的因素。

另外，如果超级大都市是文明的发展方向，拥堵、无趣、疲惫的驾驶占据着每个人的内心。未来人们驾驶的技能，将会像男耕女织、操作缝纫机、做木工手艺活一样，逐步离开大众，成为一些专业技能和个人爱好。

根据国际汽车工程师协会（SAE）制定的标准，汽车的自动程度分为六级：

Level 0：无自动化。

Level 1：驾驶员辅助。单个辅助驾驶系统，能根据驾驶环境信息，以特定模式或者转向，或者执行加速、减速等操作，其他操作都由人类驾驶员完成。

　　Level 2：一个或多个辅助驾驶系统，能根据驾驶环境信息，以特定模式同时转向或者加速、减速操作，其他操作都由人类驾驶员完成。

　　Level 3：有条件自动化。一个自动化驾驶系统，能在动态驾驶中，全面承担驾驶任务，但在系统提出接管请求时，需要人类司机做出回应。

　　Level 4：高度自动化。即使在系统提出接管请求时，人类司机不能回应，这类系统也能在动态驾驶中全面承担驾驶任务。

　　Level 5：完全自动化。系统自己开车，在任何道路、任何环境状况下都不需要人类司机的介入。

　　一旦实现了完全自动化，未来驾驶的技能就真的会离开大众，成为少数人的爱好。实际上，这一进程发展得非常快。

　　2016 年 10 月 20 日，特斯拉公司首席执行官马斯克在电话发布会中宣布，所有特斯拉新车将装配"具有全自动驾驶功能"的硬件系统——Autopilot 2.0。这套系统包括 8 个摄像机、12 个超声波传感器以及一个前向探测雷达。摄像机将提供 360 度的视角，最大识别距离 250 米！

　　汽车的"眼睛"和"大脑"正在快速进化，眼观六路、耳听八方，计算能力更是实现了 1 Terra op（相当于 80 个处理器内核）的计算能力，远超普通的电脑。

　　自动驾驶的发展，也催生了众多高市值的新兴汽车企业。近日，据《福布斯》报道，摩根士丹利最近发布的报告显示，如果谷歌母公司 Alphabet 将旗下自动驾驶公司 Waymo 分拆，后者的估值可能达到 700 亿美元（约合 4800 亿元人民币）甚至更高，超过通用汽车（504 亿美元）和福特（449 亿美元）等传统汽车公司的市值，也超过特斯拉（498 亿美元）和优步（500 亿美元）。

我们可以预计，随着数字经济的发展，无人驾驶技术将逐步被应用到社会交通的方方面面，从而帮助减少交通事故，降低死亡率。2016 年 1 月 16 日，在阿里研究院举办的"2016 新经济智库大会"上，阿里巴巴副总裁金建杭认为："若干年以后会出一部法规，人类是不能驾驶汽车的，驾驶汽车是非法行为，这一天可能也很快就来了。"

数据驱动的全供应链形成

阿里巴巴研究院院长高红冰预测三大趋势将深刻影响电商物流发展：数据驱动的全供应链将会形成，物流机器人会大量出现，任一社会单元都将成为社会化物流的组成部分。

高红冰认为，数字经济也会对供应链模式产生很大影响。数据驱动的全供应链，从上游原材料到生产环节，再到下游分销端全部数据化，必然会导致全产业链条的重新组合，原来线性或树状供应链结构变成网状。过去商家生产商品之后，通过经销商把商品推给消费者，现在可以形成 C2B，直接送到消费者家里。未来库存可能由原来的商家端（制造和生产端）推到经销端，然后进一步推送到消费者端，带来更大的商品存储。"数字化物流的效果也导致社会资源在全社会的配置，不管是快递人员、运输工具、分拣设施，还是数据化的系统或商品，都会组合到社会化物流体系中。"高红冰介绍说，社会单元都可成为物流的一部分，亚马逊和优步已经在海外尝试利用运营出租车送货。

智慧物流平台

经济 (Economy) 的另一层含义是节约。数字经济发展对于流通业的影响，就是能够帮助减少流动环节，从而节约资源。

消费者消费商品和服务的成本，主要包括两部分内容，一部分是生产成本，另外一部分是将产品和服务传递到消费者手上的成本。

在第七章的新制造业讨论中，我们知道数字经济时代下的制造业将可能更好地发现、识别和满足消费者的需求，从而减少库存和资源浪费。而 C2B 模式的兴起，也使得商品和服务能够更快、更直接地传递到目标消费者手中，从而提高效率，减少损耗。

数字经济也会对供应链模式产生很大的影响，从而深刻影响电商物流未来发展。数字经济和网络交易进一步发展，可以按需定制个性化消费，形成以消费者为中心的新制造业系统。这个时候"仓配送"的含义就会发生很大的变化，中间环节被压缩，商品滞留就会缩短，货物永远在路上而不是在仓库里。

2016 年快递业务量已经超过 300 亿件，网络零售额将达 4.9 万亿元。2016 年网络零售额增幅下降至 27% 左右，而快递包裹量仍保持 50% 以上的增速。分析历年"双十一"物流数据，2016 年签收包裹的峰值是 11 月 14 日，2015 年峰值是 11 月 16 日，2014 年是 11 月 17 日，越来越接近 11 日。"历年完成 1 亿包裹签收时间不断缩短，也说明电商物流效率的提高，其适应电商交易体系的能力得到空前的提高。"

电商仓配备货平均运距是在 100 ～ 500 千米，大幅拉近了自然平均交易距离。出于成本方面的考虑，电商交易要求更近的距离配货，让商家和物流公司把仓和货备在离消费者最近的地方。"很多货并不需要纯电商的仓库，可以从靠近消费者的实体店发货，这些实体店将成为未来的物流配送、快递的一个前端支点。"

目前物流业最大的平台型企业就是菜鸟网络，其计划首期投资1000亿元，希望用 5 ~ 8 年的时间，打造遍布全国的开放式、社会化物流基础设施。菜鸟网络科技有限公司称，这将是一张能支撑日均300亿元，即年约 10 万亿元网络零售额的智能骨干网络。目标是"让全中国任何一个地区做到 24 小时内送货必达"。

菜鸟网络的核心目标是为电子商务企业、物流公司、仓储企业、第三方物流服务商等各类企业提供平台服务而不是自建物流或者成为物流公司。

"物流就是聚合，规模发生效应。这是行业特性，不可违背的客观规律。一车货的运费一定比一件货的运费平均价格低廉。"菜鸟物流童文红说，菜鸟搭建的是中国智慧物流骨干网络，这个网络给商家使用、仓配的服务商使用，如果快递公司需要也完全开放。

童文红认为，菜鸟的长板就是数据，不仅有客户、商家、消费者的数据，还有物流信息路由的数据。凭借这些数据，菜鸟做的是物流订单的聚合工作。

随着物流行业的飞速发展，也伴随着配送车辆每年上千亿元的能源消耗。针对物流行业的高能耗现状，菜鸟网络近日发布了一项代号为"ACE"的未来绿色智慧物流汽车计划，联合知名车企共同打造百万台新型智慧物流汽车。

菜鸟总裁万霖表示，ACE 计划旨在实现配送员、车、仓库、城市末端的全智能绿色覆盖。2016 年，中国快递业已实现连续六年增长率超过 50%，日均 8000 万个包裹，快递量达 312.8 亿件，预计到

2020 年快递日单量将翻番。目前中国社会物流总费用与 GDP 的比率为 14.9%，高于美国的 8%。物流车辆空驶率高达 30%，新能源车在目前市场占有率不足 2%。分析认为，随着劳动力成本的增高、快递物流业的劳动力供给制约，智能化升级时代将到来。

　　菜鸟 ACE 计划负责人时瀚透露，研发的新车已于 2017 年 4 月在深圳和成都两个城市进行了试点。据了解，ACE 计划推出的新能源物流车搭载了"菜鸟智慧大脑"。系统会根据订单动态，生成最优配送线路，并根据业务和道路情景自主感知动态调整界面。通过车辆装备的创新，菜鸟将多项"黑科技"应用于城市末端配送，结合菜鸟智能分单，实现了前置分拣和集装运输，免去在配送站点二次分拣；动态定位技术可以将货物直接送达快递员，实现移动网点，快递员不再需要多次往返站点取货；物流版"变形金刚"电动交换箱体运输车，提升了仓库到站点的多频次运输效率，满足站点的多频送货需求；帮助商家提升服务满意度，让商家实时了解货物所在位置，通过 App 还可以更改送货时间。①

---

① 来源：《北京商报》。

第十一章

数字经济与智慧医疗

如果说，离数字经济越远的产业有着越大的势能，那么，医疗行业正是这一有着巨大势能的行业。数字经济的发展给医疗与健康行业带来的影响，在短期，是将医疗资源的需求和供给更好地进行匹配，而在长期，则是动员更多的资源进入医疗和健康行业。

I，Robot 医生

机器人医生正在大量出现，这些新的机器人，意味着智能医疗的发展，相当于在医疗系统中增加了大量的名医。这些"名医"，不仅具有高超的医术水平，最为重要的是，它们可以不受距离的限制，使得优质医疗资源能够到达很多偏远的地区。随着技术的发展，未来的很多医疗诊断，通过一个智能手机就能够完成。

以著名的达·芬奇医疗机器人为例，它是美国直觉外科公司的王牌产品，也是目前世界上最成功的手术机器人系统，它是为在外科医生手术操作中提供直观的控制运动、精细组织操作和三维高清晰度视觉能力而设计的，允许外科医生进行微创手术。达·芬奇机器人由三部分组成：外科医生控制台、床边机械臂系统、成像系统。实施手术时主刀医师不与病人直接接触，通过三维视觉系统和动作定标系统操作控制，由机械臂以及手术器械模拟完成医生的技术动作和手术操作。目前美国 FDA 已经批准将达·芬奇机器人手术系统用于成人和儿童的普通外科、胸外科、泌尿外科、妇产科、头颈外科以及心脏手术。直觉外科公司在过去 10 年里规模快速扩张，营业收入复合年增长率达 30%，使用范围复合增长 16%，使用频率达 52.3 万次。[①]

　　脱发是很多人面临的问题，植发是解决这一问题的重要方法。但传统的植发手术，平均需要配备一个 10 人的医护团队，人工提取 2000 个毛囊单位，人工提取的成功率在 50% 左右。而新出现的植发机器人 Artas，只需要 1 位熟练的医师，几名护士。Artas 的核心技术在于，能够通过图像识别技术，精准定位毛囊的生长位置与方向，将毛囊提取的成功率从人工提取的 50% 左右提升至 90%。Artas 植发机器人，通过算法确认采集毛囊单元时的准度与深度。相比人类医生手动摘取毛囊，Artas 更为恒定。不会因为操作时间过长、技术不熟练、判断有误及其他人类可能产生的情绪等原因，导致提取毛囊存活率低的情况发生。Artas 能够将原先至少需要 8 小时的手术，几乎减少一半，并控制了人类医生可能出现的不确定风险。

　　机器人也极大地提高了病理诊断的准确性。一篇 2015 年的论文发现，不同病理学家对乳腺癌诊断的一致率只有 75.3%。在某些不典型的乳腺癌中，诊断的一致率竟下降到 48%，不足一半。

―――――――――――

① 　来源：中信证券研究部。

病理医生必须经过数年的训练，才能成为一名合格的病理学家，要成为优秀的病理学家更是难上加难，在医疗资源不足的地区，想要得到准确诊断，只能是一种奢望。

为了解决病理诊断的瓶颈，谷歌和 Verily 的科学家们做了一个尝试。他们将单张病理切片的图像分割成了数万至数十万个 128 像素 × 128 像素的小区域，每个小区域内可能含有数个肿瘤细胞。随后，他们提供了肿瘤组织与正常组织的病理切片，供人工智能学习。最终，这款人工智能掌握了一项像素级的技巧——它能分辨出单个小区域内被标注为"肿瘤"的像素，从而将整个小区域标注为"肿瘤区"，这能有效地将肿瘤组织与健康组织区分开来。

对人工智能进行训练之后，科学家们邀请到一位病理学家，让他与人工智能进行一场比赛。该病理学家在用了整整 30 个小时，仔细分析了 130 张切片之后，给出了他的诊断结果。在随后基于灵敏度（找到了多少正确的肿瘤）和假阳性（将多少正常组织诊断为肿瘤）的评分中，这名病理学家的准确率为 73.3%。人工智能交出的答卷是 88.5%。

随着机器人医生的出现，我们可以预估，优质医疗资源短缺的问题将得到极大的改善，也能降低医疗资源分布的地区不平等。

医疗大脑

2017 年医疗领域最为热议的话题恐怕就是人工智能了。2017 年 3 月，蓝色巨人 IBM 携沃森健康全面进入中国医疗市场，旨在为肿瘤病人提供智能解决方案。在医疗领域一直探索的阿里云也不甘其后，筹备一年后，阿里云在 2017 年的深圳云栖峰会上惊艳出手，发布"ET

医疗大脑"，宣布正式进军医疗人工智能领域。

实际上，此前阿里云已对 ET 进行了多方"调教"：利用 ET 的深度学习能力，通过海量病例数据来训练机器完成特定的任务，不断提升"医术"。由于可以 24 小时不睡觉，同时处理成千上万项任务，ET 的学习进步速度远远超过人类。如今，ET 已具备多项医疗能力，可在患者虚拟助理、医学影像、精准医疗、药效挖掘、新药研发、健康管理等领域助医生一臂之力。

有数据统计，相较医生 60% ~ 70% 的诊断准确率，算法的准确率已高达 85%！但这并不意味着人工智能可以取代医生。在胡晓明看来，ET 做出的初步诊断需要经由医生核查，反过来，医生也可以为 ET 注入更多的新知识，把它"驯化"成全能助手。

这也是阿里云总裁胡晓明为 ET 医疗大脑下的定义："这是一个开放的人工智能系统，除了阿里云的人工智能科学家，也将吸收外部的精良算法和医学经验，让 ET 变得更聪明。"浙江德尚韵兴图像科技有限公司就是阿里云的合作伙伴之一。他们研发出超声甲状腺结节的智能诊断算法，借助计算机视觉技术，这套算法可以对甲状腺 B 超快速扫描分析，圈出结节区域，并给出良性与恶性的判断，大大节省了医生的诊断时间。

人工智能与医疗

近年来，智能医疗在国内外的发展热度不断提升。有人提出，"尽管安防和智能投顾最为火热，但人工智能在医疗领域可能会率先落地"。根据腾讯研究院的研究，一方面，图像识别、深度学习、神经网络等关键技术的突破带来了人工智能技术新一轮的发展，大大推动了以数据密集、知识密集、脑力劳动密集为特征的医疗产业与人工智能的深度融合。另一方面，随着社会进步和人们健康意识的觉醒，人口老龄化问题的不断加剧，人们对于提升医疗技术、延长人类寿命、增强健康的需求也更加急迫。而实践中却存在着医疗资源分配不均，药物研制周期长、费用高，以及医务人员培养成本过高等问题。对于医疗进步的现实需求极大地刺激了以人工智能技术推动医疗产业变革升级浪潮的兴起。

人工智能技术在医疗领域的应用将主要集中于以下四个领域：

（一）智能诊疗

智能诊疗是将人工智能用于辅助诊疗中，让计算机"学习"医疗知识，模拟医生的思维和推理，从而给出可靠诊断和治疗方案。

在智能诊疗的应用中，IBM Watson 是目前最成熟的案例。IBM Watson 可以在 17 秒内阅读 3469 本医学专著、248000 篇论文、69 种治疗方案、61540 次试验数据、106000 份临床报告。2012 年 Watson 通过了美国职业医师资格考试，并部署在美国多家医院提供辅助诊疗的服务。目前 Watson 提供诊治服务的病种包括乳腺癌、肺癌、结肠癌、前列腺癌、膀胱癌、卵巢癌、子宫癌等多种癌症。Watson 实质是融合了自然语言处理、认知技术、自动推理、机器学习、信息检索等技术，并给予假设认知和大规模的证据搜集、分析、评价的人工智能系统。

在国内，浙江德尚韵兴的科学家是超声甲状腺结节智能诊断算法的研发者。利用深度学习处理超声影像，同时加入旋转不变性等现代数学概念，这套算法可以对甲状腺 B 超快速扫描分析、圈出结节区域，并给出良性与恶性的判断，大大节省诊断时间。

数据显示，人类医生的准确率为 60% ~ 70%，而当下算法的准确率已经达到 85%。目前，该算法现在被集成到 ET 医疗大脑当中，并在多家医院进行试点。比如，浙江大学附属第一医院就利用 ET 实现了甲状腺 B 超的快速分析，准确率比三甲医院高出 21%。

（二）智能药物研发

人工智能通过计算机模拟，可以对药物活性、安全性和副作用进行预测。借助深度学习，人工智能已在心血管药、抗肿瘤药和常见传染病治疗药等多领域取得了新突破。

美国硅谷公司 Atomwise 通过 IBM 超级计算机，在分子结构数据库中筛选治疗方法，评估出 820 万种药物研发的候选化合物。2015 年，Atomwise 基于现有的候选药物，应用人工智能算法，在不到一天时间内就成功地寻找出能控制埃博拉病毒的两种候选药物。

2016 年，上海华山医院借助阿里云的计算能力，用数字化模型代替部分临床实验，以及模拟小白鼠的活体实验，用于加快特效药研发。

同样是在 2016 年，华大基因、阿里云和安徽医科大学曾共同宣布，在 21 小时 47 分 12 秒内完成了 1000 例人类全外显子组数据的分析。40 年前，人类若想对埃希氏大肠杆菌进行全基因组测序，需要 1000 年的时间。

（三）医疗机器人

目前实践中的医疗机器人主要有两种：一是能够读取人体神经信号的可穿戴型机器人，也称为"智能外骨骼"；二是能够承担手术或医疗保健功能的机器人，以上文提到的达·芬奇手术系统为典型代表。

（四）智能健康管理

智能健康管理是将人工智能技术应用到健康管理的具体场景中。目前主要集中在风险识别、虚拟护士、精神健康、在线问诊、健康干预以及基于精准医学的健康管理。

根据方正证券发布的互联网医疗深度报告，"中国互联网医疗发展经历了三个阶段：信息服务阶段，实现人和信息的连接；咨询服务阶段，实现人和医生连接；诊疗服务阶段，实现人和医疗机构的连接"。在实际的产业发展中，中国智能医疗仍处于起步阶段，但赖于资本的追捧，多家智能医疗创业公司已顺利获得融资。在未来的发展中，国内公司应当加强数据库、算法、通用技术等基础层面的研发与投资力度，在牢固基础的同时进一步拓展智能医疗的应用领域。[1]

大数据、云计算与生命科学

"2001 年，6 个国家的科学家花了 11 年的时间，花费 30 亿美元，共同发表首个人类基因组工作草图。到 2007 年时，科学家们就只需要 100 万美元就可以完成一个人体基因组的测序工作。到 2013 年，这一价格已经降到了 2500 美元。2017 年这个成本又下降到了 1000 美元以下，整个测序时间只要几天。"

尹烨预计，此次华大基因与英特尔、阿里云合作后，有望利用后两者的技术优势，加速基因测序和分析，实现 2020 年精准医疗愿

---

① 　赵淑珏，中国信息通信研究院与腾讯研究院人工智能联合课题组。

景，使得基因分析、精准诊断和制订个性化治疗方案在一天内完成，为公众提供公平、高品质的医疗服务。"我相信未来随着技术的进步，基因测序的成本几乎可以忽略不计。"

据了解，"开源共享"是此次合作的一个鲜明特征，此次三方共同搭建的精准医疗开放云平台将向所有有志于参与和支持中国精准医疗事业发展的机构及企业用户开放，为其提供涵盖测序仪、本地基因测序计算一体机及公有云测序分析服务在内的一体化融合解决方案，能够充分优化目前的基因数据分析效率。

阿里云计算有限公司总裁胡晓明表示，随着技术的不断成熟，基因测序行业正在步入蓬勃发展期，将根本改变生物医学基础研究和医疗实践。同时，生命科学领域数据爆炸式的增长，亦对海量数据的计算、存储和分析提出新的挑战。此次合作将发挥阿里云在云计算、数据处理、隐私安全保护以及数据传输方面的长处。

智能医疗面临的挑战

智能医疗领域面临巨大的机遇，同时也面临很大的挑战。这些挑战表现在人才缺乏、监管风险等方面。

人才缺乏：数字医疗行业人才严重缺乏的原因，首先，国内很多医生在心理上不接受数字医疗。他们所积累的经验、人力资本在数字医疗时代，其价值可能大大下降。其次，数字医疗有很高的专业门槛。我国的医疗行业，一直存在着较为严格的准入门槛，即使在医疗服务价格信号显示需要动员更多的资源进入医疗行业，实际实行起来也很困难，这使得医疗行业很难吸收熟悉数字经济的人才进入。

　　监管风险：医疗与民生密切相关，一直是国家重点监管行业，进入新兴的数字医疗领域的政策风险和监管风险都比较大。很多数字医疗的应用是让患者自己诊断疾病，这也存在着很大的风险，因为，一旦发生误诊，其后果可能非常严重，因此，国家有很强的动力和责任来加强对数字医疗的管理力度。

第十二章

数字内容产业：教育、文化、娱乐

数字内容产业现状

随着"一带一路"倡议的实施，发展我国文化产业，讲好中国故事，提升国家文化软实力，将有利推动"一带一路"沿线国家乃至全球不同文化的交流融合，为国家战略提供"软"支撑。

腾讯董事会主席马化腾在 2017 年"两会"提案中建议，当前数字内容产品在国际文化服务贸易中的比重逐年上升，网络平台已成为产品创作、传播和交流的重要阵地。欧美等文化发达国家将发展数字内容产业作为重要战略，进一步提升其在全球文化交流中的话语权。

同时，我国的数字内容产业实现了持续十多年的快速发展，"泛娱乐"等中国特色的数字内容产业生态初步形成。我国已经成为全球最大的数字内容生产、发行与消费市场之一。截至 2016 年 12 月，我国网络游戏用户 4.17 亿、网络文学用户 3.33 亿、网络视频用户 5.45 亿、网络音乐用户 5.03 亿。腾讯、万达、阿里巴巴等企业不断布局全球性内容生态，积累了丰富的商业经验与资本实力，已经发展成为全球性的数字内容企业。我国数字内容产品正逐渐得到国际文化市场认可。

马化腾认为，数字内容产业具有转方式、调结构、促消费、扩就业的独特作用，大力发展和壮大数字内容产业是推进供给侧结构性改革，培育形成新供给、新动力的重要举措。在大力推进"一带一路"倡议过程中，我国应充分发挥数字内容产业竞争力，积极布局全球文化产业市场，推动中华文化与中国企业"走出去"，抢占全球文化产业主导权，打造中国文化产业的世界标签。

马化腾还提出，要加强翻译与运营人才培养，并为我国数字内容的创作、创新营造适度宽松的政策环境。同时，加强海外市场培育与维权。特别是，政府应利用外交外事等资源，引导与帮助优秀民族企业"走出去"。我国企业应加强与国外优秀企业的交流合作，通过投资并购、版权合作、联合运营等多种方式推广我国优秀数字内容作品，并持续强化内容的衍生开发以及市场的开拓培育。

上述建议可以说是为数字内容行业的发展提供了重要参照。

智能教育

数字经济下，教育的改变，最主要是智能教育的出现。几百年来，教育大多采用相同的结构："讲台上的圣人"和"流水线"模式。随着人工智能不断颠覆消费电子、电子商务、媒体、交通运输和医疗保健等行业，教育将是下一个重大的机会。

由于教育是人们在所有其他领域取得进步的基础，它有潜力成为人工智能最有影响力的应用。

教育市场主要分为三个部分：K-12（即从小学到高中），高等教育和企业培训。这些都正在经历转型。在 K-12 市场，我们看到更严格的教学标准，将重点转移到衡量学生批判性思维和解决问题的技能上，并为大学和职业做好准备。在高等教育中，我们看到通过 MOOC（大规模开放在线课程）和 SPOC（小型私人在线课程）向在线学习的转变。在企业学习中，我们正在看到向虚拟培训的转变，因为人力资源部门专注于降低成本并提高员工的生产力。

教育行业主要有三种类型的参与者：内容、平台和评估者。内容出版商正在迎接数字转换的挑战，并为开放教育资源提供内容。学习平台正在尝试区分适应性、个性化和分析空间。评估者也在进行调整，从多项选择测试转向更具创新性的问题类型。

在技术采用方面，教育一直是相对滞后的。然而，这是一个优势，因为它不需要经过其他行业必须经历的传统基础设施的安装，而是可以通过直接采用移动智能手机实现技术跳跃。

很快，我们将可以看到人工智能在教育中的几个应用，例如：用于为学生的书面答案评分；回答学生的问题；辅导学生的虚拟个人助理；虚拟现实和计算机视觉为身临其境，动手学习提供条件；模拟和游戏化与丰富的学习分析。

评估问题是教育的核心。人们无法改善无法衡量的内容。认知心理学认为，评估学习的最佳方法是询问开放性答案问题，让学生用自己的话解释。然而，由于开放性回答相关的时间成本很高，很少被使用。随着数字经济时代的到来，这些都将发生改变，比如下面的这些例子。

IBM Watson 与芝麻街合作

每个孩子都有独特的学习方式。芝麻街正与 IBM Watson 合作开发各种"个性化学习工具"以适应不同孩子的学习方式。

Watson 是一套具备理解、推理和学习能力的认知系统，它可以明白每个儿童独特的互动方式。因此，Watson 能够分析每位儿童输入和互动的内容，并针对他们的学习风格对每次接触进行个性化处理。同时，随着每一次互动的进行，Watson 能够不断进行自身优化，以匹配每个学生的学习模式。

此次与 IBM 的合作，芝麻街将利用 45 年来在调研过程中积累的深厚教育知识储备，以及 1000 多项有关儿童如何达到最佳学习效果的研究成果，将这些专业知识与 Watson 的自然语言处理、模式识别及其他认知计算技术相结合，以打造高度个性化的学习体验，从而更好地补充家长和教师在儿童早期教育中扮演的角色，帮助孩子更好更健康地成长。同时，Watson 将持续通过从匿名学生反馈而来的经验进行学习和调整，不断完善其教育活动。

在这项芝麻街与 IBM 为期三年的协议中，芝麻街工作室和 IBM 将联手开发出先进的教育平台和产品，来满足并适应学龄前儿童不同的学习偏好和智力水平。

芝麻街工作室首席执行官 Jeffrey D. Dunn 表示："我们相信，教育与科技的结合是提高美国及全球早期教育发展的关键所在。在我们的上一代，电视节目《芝麻街》借助在当时高度普及的电视媒体的力量来帮助那些弱势儿童群体获得接受教育的平等机会，这些做得非常成功。现在，我们通过与 IBM Watson 的合作，期望共同开发下一代的个性化学习工具，从而最终为所有不同背景的孩子在其个人成长的最关键时期，提供有意义的、个性化的教育机会。"

目前，芝麻街工作室和 IBM 正在探索和开发更为广泛的可在家中或学校使用的互动平台和界面。双方计划将与教育及科技界的专家共同测试与分享互动平台的原型，并通过专家的经验反馈来不断进行完善。

作为全球非营利性教育机构，芝麻街工作室的使命是：帮助孩子成长，让孩子变得更聪明、更强健、更友善。因此，和 IBM 的合作无疑是在这一理念的指导下，通过最新的科技手段进行知识的有效传播，让孩子可以有机会选择更加个性化和更适合自己的学习工具，从而让知识的接纳变得更为轻松和活泼，易于消化理解，也帮助孩子更好地学习和成长！因此，芝麻街和 IBM 的这一合作，对儿童早期发展和学习方式将产生重要的积极影响！

义学教育

义学教育在创立之前，就拿下了高达 3100 万元人民币的种子轮投资，由青松基金和好未来领投，正和磁系资本和新东方创始人俞敏洪个人跟投。

毕业于上海交大，在教育领域深耕 15 年的义学教育董事长栗浩洋认为，"人工智能 + 教育"是让全社会一起享用顶级教育资源的唯一途径。

而在过去，针对性的一对一辅导只能去找经验丰富的名师，但这种辅导十分奢侈。"上海有 300 多个特级教师，最低的一小时的成本是 1500 元，最好的前 10 名大概要 8000 元一小时，只有财富塔尖 1% 不到的家庭能支付这样的教育费用"，栗浩洋说。

而同样级别的针对性教学，义学教育可以以趋近于 0 的费用提供，义学通过人工智能技术创造了一个存在于虚拟世界的特级名师，可以迅速为学生解答各种问题，并且在互动中分析学生的知识体系，针对性地教学。

"它（AlphaGo）是通过模拟人的大脑，跟人一对一地下棋，我们（义学）就是用系统模拟一个中国最顶级的特级教师，然后对 K-12 的学生进行一对一的辅导，对比过去传统教育形式是一个颠覆。人工智能在很多领域里面还不成熟。在教育领域里面，我们现在也还没有达到最高的级别，但是可以适当地代替，用系统代替真人的老师，达到一个可能比真人的老师教学还要优的效果。"

教育领域的 AlphaGo：人人可以触达的绝世名师佐为

欧洲围棋冠军樊麾在 AlphaGo 与李世石对战前与其对弈，震惊于 AlphaGo 的学习能力与围棋技艺，他认为 AlphaGo 将会让围棋教学提升一个级别，"AlphaGo" 就像是日本漫画《棋魂》里的主人公"佐为"。

在漫画中，佐为是在日本平安年间教过秀策（日本棋圣）下棋的棋士，被封印在古老棋盘里，直到有一天漫画的主人公小光无意间在旧仓库发现了这个带有血渍的棋盘，解开了封印释放佐为。佐为便细心教导小光最精妙的围棋技艺，后来小光终于成为了一名职业棋手。

获得绝世名师的贴身教导，这些顶级的稀缺教育资源，除非你出身非富即贵，要不然这事只能出现在漫画故事中。而 AlphaGo 与乂学教育通过人工智能技术把"梦想照进了现实"，乂学就像语数外领域的佐为老师。

乂学教育用人工智能技术帮助学生学习，就像 AlphaGo 用智能体系模拟围棋大师一样，乂学教育智适应系统是用智能化的系统去模拟特级教师。

对于特级教师来说，见到每一个学生，首先会快速摸清学生的学习状况、能力、学习习惯、学习兴趣、知识盲点，采用不同的教学策略、教学方法和表达的语言，帮助这个学生进行学习。然后根据学生反馈，不停调整教学过程。

特级教师教学的这种能力，是基于其过去几十年的教学经验，数千学生的反馈，几十万的题目积累的"大数据"判断力，这使得教师可以根据眼前学生的情况制定最好的教学策略。

乂学教育的解决方案相当于把近百位特级教师的经验、智慧、大数据解决方案，放在智能大脑里面，然后用这个智能大脑去模拟教学过程。

乂学的智适应系统，将每个知识点拆分成"纳米级"。所谓"纳米级"，是指把一个知识点拆成最基础的内容，变成最简单的颗粒，然后针对每一个知识颗粒进行专门的视频讲解、专项练习和专题测试。

通过对学生进行精准的摸底测试，了解学生掌握了哪些知识点，哪些没有掌握，哪些掌握得非常牢固，哪些是略知一二。同时，智适应系统还能通过学生的反馈数据，不断进行深度学习，提升测试的准确度。

在获得投资前，一位投资人对乂学进行了 DD（投资调研），这位美国哈佛商学院毕业的学霸，经过乂学系统检测发现他有一个初二的数学知识点没有掌握，他一开始不相信，后来一翻书，发现自己真的没有掌握那个知识点。

"2500 多年前孔子就提倡因材施教这个思想，自适应学习实质上是回归了教育的本质。"乂学教育首席科学家崔炜说，运用技术手段，乂学教育将彻底解决学生学习的效率问题。

崔炜认为，乂学智适应学习系统解决了当前教育的几大痛点。

一、教育资源的可得性。在线教育的方式给学生提供了随时随地获得学习内容的便利。

二、解决了优秀教师资源的问题。乂学的系统本身就是在模拟一个优秀的老师，其视频和讲义的内容也是由顶尖教师打造的，学生不用花费重金就能享受到优质教师资源。

三、解决了学习效率的痛点。通过人工智能模拟优秀老师大脑，为学生进行个性化辅导，提高效率。

在中国，乂学是第一家把自适应学习技术应用到 K-12 领域里的，他们公司内部设有研究院，囊括了教学经验丰富的老师、教育专家、数据工程师和人工智能方面的人才，共同打磨、研发这款教学产品。目前，已率先完成英语的研发工作，数学和语文正在进行中。

乂学教育所遵循的自适应技术在国内虽然是个新鲜的概念，但在美国已有超过 100 家企业运用这项技术，涵盖成人教育和高等教育各个阶段。梅琳达和比尔·盖茨基金会在对自适应学习技术做深入研究后，称其为"当下在线教育领域最需要的东西"，将成为教育领域的标配。

崔炜认为，未来智适应教育将会成为中国应试教育领域的标配，因为这是学校效率最大化最好的工具，家长将会愿意花钱去为孩子购买智能教育服务，就像给孩子买文具一样必要。

"就像苹果智能手机一样，几年前还不流行，那时是诺基亚的天下，但现在智能手机成了每个人的标配，未来我相信智适应也将成为教育行业每一个学校、每一个机构的标配。"崔炜自信地说。

进军全球市场：以数字内容为例

数字经济时代，数字内容产业规模巨大，中国公司在这方面走在了前列，不仅为中国市场提供丰富的数字内容产品，也积极拓展海外市场。

创业邦合伙人王玥说："在中国，每 7 分钟就会出现一家创业公司。""2015 年全世界的独角兽里，有 1/3 诞生在中国。"

2016 年被人们称为"内容创业"元年，直播、短视频、音频、新媒体、知识付费等一大批内容创业项目获得投资。根据爱帮网的报道，在进军全球市场方面，内容出海也被提到很多次，如下所示。

中国人做的"今日头条"们已遍布全球

新闻聚合，是根据用户行为数据进行分析，实现定向推送和偏好匹配的平台，它们从不生产新闻内容，可以形象地称之为"新闻搬运工"，这种模式的出现是信息爆炸时代的必然产物。

海外较有影响力的新闻聚合产品已经有十几家，它们分散在若干个国家，其中大部分的成立时间都是 2015 年以后，更亮眼的是，排行榜上的这些 App 几乎都是中国人做的。

目前，新闻聚合类 App 正迅速占领移动端新闻阅读的入口，最经典的如今日头条。自 2012 年成立以来，今日头条一直深耕国内市场，在国际化上少有突破，直到 2016 年下半年才重点布局国际化。而中国出海的创业者，正将今日头条的模式，搬到印度、印度尼西亚、马来西亚和中东等地，瓜分其海外市场。

根据 App Annie 的数据显示，今日头条推出的海外版本 TopBuzz 在美国、英国、加拿大这几个英语系国家均排在了前十位，尤其在美国排到了第一位。这三个国家的人口总计超过 4 亿，并且都是英语系国家，用户的付费能力强，互联网发展程度高，有利于产品的变现。

除了今日头条，猎豹移动收购的 News Republic 被称为"世界上第一家没有记者的新闻媒体"，其与全球超过 2500 家新闻机构构建版权合作，为读者提供丰富的订阅内容，包括新闻文章、图片和视频。News Republic 因其多语言功能，在全球 50 多个国家开展业务。

UC News 是 UC 优视科技（后被阿里巴巴并购，划到阿里巴巴移动事业群）推出的新闻聚合平台，其在海外市场的表现也非常不俗，在印度和印度尼西亚两个市场均霸占第一的位置。由于 UC 和阿里在出海方面有很多经验积累，因此后发优势非常明显。

News Break 是一个面向英文市场的移动资讯 App，以新闻切入，基于用户的兴趣比如育儿、美容、修车、围棋等内容，聚合成一个个的频道，覆盖全网内容，成为移动互联网和人工智能时代的内容分发平台。App Annie 上的 Google Play 数据显示，News Break 在美国市场处在第三名的位置，表现亮眼。

Wonder News 是一款聚合阿拉伯地区的新闻内容资讯 App，被称为中东的"今日头条"。Wonder News App 主要覆盖沙特地区，已有 50 万用户，日活超过 11 万，每天向用户推荐 1 万～2 万条新闻报道。

GÜNDEM 是主打土耳其的媒体聚合平台，用户超过 600 万，日活超过 120 万。超过 120 家土耳其媒体内容合作，并与土耳其本土的 3 家移动设备厂商达成内置协议。其在土耳其市场排在第二位。

根据 IT 桔子的行业分类，内容出海项目大多属于文化娱乐领域，例如，短视频、直播、新闻聚合等，下面是 IT 桔子整理的部分内容出海公司或者产品。

除了新闻聚合类 App，同时在国际市场攻城略地的还有直播和短视频类应用……

直播和短视频是 2016 年国内互联网创投圈的热点领域，当创业者还在国内红海市场厮杀时，已经有不少该方向的出海公司和产品在海外市场获得了不俗的成绩。例如，前面提到的今日头条推出的海外版本 TopBuzz，内置了短视频和 Gif 动图，在美国、英国、加拿大、巴西表现都十分抢眼。另外，今日头条近日全资收购美国移动短视频公司 Flipagram，显示出其在短视频领域的决心。

YY 旗下的出海直播应用 BIGO LIVE 平台 2016 年 3 月 12 日上线，

主要面向 18 ～ 25 岁群体。用户可在 BIGO LIVE 上观看全球热门直播，打赏主播并实时互动。2017 年 3 月 2 日，BIGO LIVE 宣布完成 C 轮融资，领投方为平安海外控股。目前 BIGO LIVE 估值已超过 4 亿美元，共完成融资 1.8 亿美元，月活跃用户近 3000 万。

猎豹移动发行的直播 App Live.me 在海外的表现同样抢眼，其延用中国的秀场形式，将主播作为直播主体，才艺和表演作为直播内容。Live.me 登录 App Store 仅 3 个月时间，在 iOS 社交榜分类上，就高居 1 个国家排名前五、5 个国家排名前十；在美国社交榜中，排名第七，美国总榜排名第六十六。

在数字经济时代，数字内容是重要的消费品和财富载体，随着数字经济的发展，数字内容创业将会越来越多。

第十三章

数字城市：智慧城市

IDC 研究表明，在未来 15 年中国城市化进程仍将快速发展，城市总人口规模超过 10 亿，百万人口的城市超过 200 座，城市投资将达到 2 万亿元。可持续城镇化和可持续城市面临严峻的人口、资源环境和交通等压力继续增强，以北京、上海、深圳、广州、武汉和济南等地为代表的大城市病突显，雾霾、内涝、交通拥堵、水污染事件、城市更新、城市管理、社会治理和公共服务等矛盾突出。每年城镇新增人口超过 2000 万，增量相当欧洲一个中等规模的国家。人口集聚到城市，进而对城市承载形成的压力（如城市病等）形势严峻。"十三五"常住人口城镇化率将达到 60%，户籍人口城镇化率将达到 45%（推进新型城镇化，应解决好"三个 1 亿人"问题）。

智慧城市创建要紧密对接城镇化，智慧城市是兼顾理想与现实的统一体，是服务目标与解决问题的协同体。因此，围绕"五化"总体布局，构建安全体系，并在智慧城市、大数据建设中，将信息安全放在基础性地位是确保所有创新扎实、有效的首位要务。

世界卫生组织发布的最新全球空气质量地图数据显示：世界上92%的人口生活在$PM_{2.5}$超标的地区。

诺贝尔经济学奖得主斯蒂格利茨曾预言：影响人类21世纪的两件大事，一是中国的城市化，二是以美国为引领的新技术革命。

城市化在给人们带来各种便利的同时，也伴随着很多问题，比如环境污染、交通堵塞、能源紧缺、住房不足、失业、疾病等。在此背景下，"智慧城市"成为解决城市问题的一条可行道路，也是未来城市发展的趋势。

什么是智慧城市

智慧城市可以说是数字经济发展中的核心部分之一，既帮助推动与城市相关的经济发展，又与每个人的生活质量息息相关。那么，什么是智慧城市呢？我们来看不同机构的定义。

IBM（2009）在《智慧的城市在中国》报告中，把"智慧城市"定义为这样一个城市："能够充分运用信息和通信技术手段感测、分析、整合城市运行核心系统的各项关键信息，从而对于包括民生、环保、公共安全、城市服务、工商业活动在内的各种需求做出智能的响应，为人类创造更美好的城市生活"。

美国国家情报委员会（2012）发布的《全球趋势2030：可选择的世界》（*Global Trends 2030：Alternative Worlds*）研究报告对智慧城市的定义：利用先进的信息技术，以最小的资源消耗和环境退化为代价，实现最大化的城市效率和最美好的生活品质而建立的城市环境。

2014年8月，国家发改委等八部委印发的《关于促进智慧城市健康发展的指导意见》对智慧城市做出定义："智慧城市是运用物联网、云计算、大数据、空间地理信息集成等新一代信息技术，促进城市规划、建设、管理和服务智慧化的新理念和新模式。"

"中国智能城市建设与推进战略研究"项目组（2015）认为宜用"智能城市"取代"智慧城市"，并提出了"智能城市"的定义：科学统筹城市三元空间（CPH），巧妙汇聚城市市民、企业和政府智慧，深化调度城市综合资源，优化发展城市经济、建设和管理，持续提高城市发展与市民生活水平，更好地服务市民的当前与未来。

蚂蚁金服对"新型智慧城市"的定义是：新型智慧城市是将网络信息技术基础设施化，通过云、网、端实现实时在线、智能集成、互联互通、交互融合、数据驱动，拓展新空间，优化新治理，触达新生活，从而重构人与服务、人与城市、人与社会、人与资源环境、人与未来关系的可持续化经济社会发展新形态。这种"经济社会发展新形态"包括生活新形态、服务新形态、合作新形态、治理新形态、发展新形态和协同创新、共创未来的新生态。

"互联互通、智慧服务、便捷高效、利企便民、数据驱动、协同创新、可持续发展"是新型智慧城市的重要目标之一。归根结底，新型智慧城市归结为三个"新"：新空间、新治理、新生活。

综合上述定义，我们知道了智慧城市的目标是提供新的发展方式、新的治理模式和居民新的生活方式。而手段则是依靠大数据、云计算、人工智能等数字技术。

数据比土地更重要

阿里巴巴集团 CTO 王坚认为今天人类活动所产生的数据正在变成人类非常重要的自然资源，可能大家都没有意识到，今天一个城市所沉淀下来的数据远远超过大家想象。举一个例子，最近有份材料显示，中国一个普通城市的摄像头，每天产生的视频都要至少一百万天才能看完，数据量如此巨大，但没有人意识到这些数据可以被当作资源，来解决我们今天面临的诸多挑战，包括交通问题、生活质量问题、城市的发展问题。

为什么说城市大脑项目是中国在为世界探索？因为今天在世界范围里，还没有人，也没有一个城市把建设城市大脑作为城市建设的重要部分。王坚表示，中国的城市发展今天面临着前所未有的挑战，没有经验可以借鉴，这就要求我们必须自己解决问题。"城市大脑是中国为世界所做的重要探索，它将成为一个重要的城市基础设施，就像电网；而数据也将成为城市治理最重要的资源，超过土地。" 王坚说。[①]

你的城市，需要一个大脑

阿里巴巴集团 CTO 王坚表示："我们喊了这么多年的智慧城市，忽然发现没有大脑，智慧无从谈起。一个有数据大脑的城市，才能真正成为可持续发展的城市。"

---

① 原文载于《中国电子报》。

王坚表示，这几年我们谈了很多云计算、大数据、物联网，还包括令人热血澎湃的人工智能。有一个很重要的问题是这个世界发生了什么变化，我们面对的是怎么样的世界？从小到几千人的小镇，大到几千万人的城市，互联网正在给人类、给城市带来什么样的变化？非常重要的变化，是互联网变成渗透率超过人类历史上任何一个基础设施的基础设施，像电、水一样的基础设施渗透到无所不在。

2016年4月，王坚牵头13家本地企业，跟杭州市政府联合发起城市大脑项目，并在2016年10月的云栖大会上正式发布。城市大脑的目标是用数据资源帮助城市决策思考，对整个城市进行全局实时分析，自动调配公共资源，最终把数据变成城市治理最重要的资源。解决交通拥堵，成为城市大脑迎接的第一个挑战。

2016年9月，城市大脑交通模块在杭州市投入试点后，该路段车辆通行速度平均提升了3%～5%，在部分路段有11%的提升。目前，杭州已有超过5万个交通摄像头接入城市大脑。2017年3月，苏州也加入了城市大脑的行列。

王坚强调说，每一个城市都需要城市大脑，这蕴含三个意思。一是每一个城市需要把城市积累、沉淀下来的数据，当成是非常重要的自然资源看待，就像土地资源、水资源等一样重要。

二是城市大脑的思考和运作需要有机制，才能把宝贵的数据用来改变和服务城市，让城市变得更美好。就像没有国家电网，电无法抵达每一个家庭，无法让人人、处处、时时都能用上电。今天我们的交通摄像头，可能罚了款，但是它没有优化城市交通，所以我们需要一个机制让数据流动起来，来解决实际问题。世界上最遥远的距离不是南极到北极，而是一根杆子上装着的摄像头之间是没有任何信息流动。

三是城市大脑是城市非常重要的"标配"，非常重要的探索，每一个城市都应该有，但是城市大脑是城市的"标配"被认同也会需要很长的时间，就像大家认同一个城市需要建电网一样，它也经历了很长的时间。

王坚认为，城市大脑非常有意义，因为它可以给城市管理、城市治理带来很大改变。比如交通，如果我们把各个维度的数据整合起来，比如交通视频监控，比如车辆行驶轨迹，比如高峰时段、非高峰时段的红绿灯数据等，用来管理交通，优化红绿灯就有可能减少城市拥堵。城市大脑同时也会对老百姓的生活带来改变。事实上我们每一个人最宝贵的资源就是时间资源。如果我们让城市数据流动起来，让老百姓办一件事情只要办一次，这是一个巨大的资源优化。让数据多跑路就可以让老百姓少跑路。

王坚表示，中国互联网快速发展，城市数据的丰富性远超西方国家，也是在中国探索城市大脑的信心所在。"中国的老百姓用手机买烤红薯，美国的老百姓还在用支票付水电费。你可以想象中国人对互联网基础设施的信心有多大，城市沉淀的数据又有多么丰富。"王坚说。①

数字经济如何改变城市

浙江交通预测

浙江省交通云，将高速历史数据、实时数据与路网状况结合，基于阿里云大数据计算能力，预测出未来 1 小时内的路况，实际预测准确率稳定在 91% 以上。通过对未来路况的预测，城市交通部门能

---

① 来源：《中国电子报》的报道。

够更智能地引导交通，用户也可以做出更优的路线选择，实现总体交通效率最高。阿里云大数据计算服务（ODPS）为城市提供海量交通数据的分析支持，对浙江省内近 1300 公里的高速路段，强大的计算能力能在 20 分钟内完成历史数据分析，10 秒完成实时交通数据分析。另外，用手机信令数据代替传统铺设线圈的数据采集方式，节约了90% 的建设成本，大大缩短建设周期。交通数据的准确性十分重要，阿里云对多因素、多维度的数据"算得准、算得快、算得起"，让驾驶员选择最合适的出行路线和出行时间，缩短 5% ~ 10% 的出行时间，减少 2% ~ 10% 的燃油消耗成本，形成很好的社会经济效益。

对未来路况的预测
（资料来源：阿里研究院）

浙江台风路径发布

台风路径发布系统是防台指挥的依据之一，关系国计民生。由于台风的季节性特点，发布系统的平稳运行一直面临极大挑战。台风来的时候，大家都上网看，这样访问人数会是非台风季的百倍，服务器不够用很容易导致系统宕机，台风过后这些服务器又会闲置，资源又出现浪费。浙江省水利厅将台风路径实时发布系统迁入阿里云，通过云计算的弹性应对峰谷访问量的巨大差异，是国内首个使用云计算的台风预警发布系统。现在工作人员在获知台风消息后，点几下鼠标就能完成服务器资源的扩容。等台风过去了，再把这些资源释放掉，一年下来，整个系统的 IT 成本就几万元。2015 年 7 月，超强台风"灿鸿"强势袭来，浙江省台风路径实时发布系统迎来了访问流量高峰，一天就有 156 万人通过网站、支付宝客户端等查询台风路径信息，流量相比一周前暴涨了 30 余倍，为广大居民生活出行提供了有力支撑。

浙江智慧法院

在司法界，"同案不同判"一直以来备受争议，各级法院都在积极寻找新方法以最大限度地消除或减少"同案不同判"现象发生。因此浙江省高院利用阿里云技术能力建立"审务云"平台，使用大数据挖掘、文本挖掘、机器学习建模技术，研发出"相似案例比对服务"，命名为"明镜"。借助创新性解决方案充分挖掘法院已判案例数据，输出与目标案件相似的已判案例，从而智能化协助法官判案，参考历史案例，减少主观因素，控制自由裁量权。另一方面，采用阿里云对象存储 OSS 服务，对法院庭审直播视频数据、裁判文书等诉讼档案进行电子化存储，通过网上法院平台实现案件审判流程信息、庭审视频及裁判文书等法院信息的公开上网，提升了司法审判的网络化、阳光化、智能化。

浙江缴税服务

浙江省地税局开通支付宝缴税服务，在全国率先实现移动支付渠道对接税务业务的模式。支付宝不仅可以为税务局提供丰富的与纳税人交互的渠道，也可以为纳税人提供缴税的资金结算账户与支付通道，不断提升税务服务的互联网体验。

贵州智慧旅游

贵阳市青岩景区入口的摄像头每天都在计算接待游客的数量，

将数据实时上传到贵州"智慧旅游云"。这朵云采集运营商手机基站数据，通过手机号码归属地了解游客的地域信息，为游客提供个性化增值服务。与旅游云一样，交通云、环保云、食药云、工业云、电子政务云、电商云共7朵云都在开展智慧服务创新，在"云上贵州"平台上打造中国的"数据之都"。

武汉电子身份卡

支付宝联合武汉市公安局在全国率先上线了"电子身份卡"，用户只需要进入支付宝"城市服务"，在"电子身份证"的功能入口，按照系统要求完成信息填写和核实的步骤后，相当于将身份证"装进"手机里，只要掏出手机就能轻松办理多项服务。电子身份卡，本质上是把身份证进行虚拟化，支付宝通过实人实名能力，协助公安部门证明"我是我"。此外，支付宝通过金融级的安全解决方案，平衡用户使用的安全性和便捷性。

智慧医疗

蚂蚁金服在互联网医疗行业已经有两年多的探索经验。目前，全国700家大中型医院加入"未来医院"，通过手机就能实现挂号、缴费、查报告等全流程移动就诊服务，平均节省患者就诊时间50%，大大提升就医体验，改善门诊秩序。在广州市妇女儿童医疗中心率先创新了"先诊疗后付费"的信用诊疗模式，得到老百姓的广泛赞誉。与此同时，蚂蚁金服联合各地医疗机构推动行业创新，支付宝与深圳市人社局在全国首创"电子社保卡＋医保移动支付"模式，率先在全国实现了安全便捷的医保移动支付，彻底方便百姓就医购药；北京大学附属第一医院首次将蚂蚁金服多年积累的反欺诈能力用在防"黄牛"领域，有效改善了医患关系，助力就医公平。

第十
四章

数字农村：美丽乡村

农村数字经济：广阔市场

继我国网购市场规模突破一万亿元之后，城市网购市场增速日渐放缓，农村市场成为电商下一轮增长的新引擎。

阿里巴巴的电商平台完全构建在阿里云的云计算和大数据技术之上，基于阿里云的技术，阿里的电商平台爆发了惊人的力量。千县万村计划是阿里巴巴集团的一项计划，在 3 ~ 5 年内投资 100 亿元，建立 1000 个县级运营中心和 10 万个村级服务站。

阿里巴巴集团总裁金建杭在 2014 年 9 月曾表示，美国上市后，涉农电商、大数据业务和跨境电商服务将成为阿里集团未来的三大发展方向。此次率先启动的涉农电商打了头阵，正是这三大方向的重中之重。

2014 年 7 月，阿里召集了全国 26 个省份的 176 个县市的书记、县长，召开了"县长大会"，其中一个重要议题是如何让县域电商发展壮大。近五年的数据显示，县域电商已经从以江浙为代表的华东"单一区域增长"为主，转向华东、华北、华南、华中"多极增长"的新阶段。

阿里研究院院长高红冰说，"农村的市场是一个新的蓝海市场，我们发现在整个网购的这样一个现象的背后，其实在三线、四线、五线、六线城市的分布是超过一半的，所以未来一个新的增长点是在这块。"

此外，农村网民数量的攀升以及互联网的普及也增加了农村电商消费市场的潜力。2016 年，来自农村的网民达到 1.91 亿，占到总网民数量的 26.9%，农村互联网普及率截至 2016 年 6 月为 31.7%。

直播：5 秒卖 4 万枚土鸡蛋

农村淘宝在淘宝直播平台进行"村红"直播首秀开播，5 秒卖了4 万枚土鸡蛋。2016 年 5 月 31 日，农村淘宝在淘宝直播平台进行"村红"（村里的网红）直播首秀，以视频直播的方式卖农家土货。阿里方面介绍称，当天上午直播的"村红直播找土货"，在直播平台上在线观看的网友共计突破 10 万名，同期在线人数近 5000 人，点赞次数近 9万次。

直播页面截图

农村淘宝"村红"直播的相关农产品也在农村淘宝、手机淘宝、聚划算等平台向全国消费者同步发售。其中，仅开播5秒，土鸡蛋销量就达4万枚。截至2016年5月31日下午3点，土鸡蛋销量突破10万枚。

阿里巴巴相关负责人介绍称，50位农民还挑着自家土特产或手工艺品来到"村淘大集市"的直播点，以视频直播方式展现自家农家土货。

农村淘宝"村红"直播项目经理王辉表示，通过"村红直播"的形式，城市消费者买到真正农家土货，农民网销农产品，可以打造出互联网时代的新赶集方式。他还说道，"这次重庆秀山网络直播卖农家土货是'村红直播'首站试点，接下来会陆续在全国铺开"。农村淘宝的农业发展部总经理朱俊也表示，未来将为消费者带来"云上农村"服务，真正实现订单农业"云上农村"。

据亿邦动力网了解，农村淘宝是阿里巴巴在2014年推出的战略项目之一，以电商平台为基础，搭建县村两级服务网络，实现"网货下乡"和"农产品进城"的双向流通。

公开资料显示，淘宝直播于2017年3月正式上线，定位于"消费类直播"，支持"边看边买"功能。淘宝数据显示，观看直播内容的移动用户超过千万，主播数量超1000人，目前该平台每天直播场次近500场，其中，超过一半的观众为"90后"，而且女性比例约为80%，占了绝对主导。[1]

---

[1] 来源：亿邦动力网。

智慧农业

山东寿光是中国有名的蔬菜产地，那里有多少蔬菜大棚呢？机器数出来了——231764 个。2017 年 4 月初在深圳举行的 IT 领袖峰会上，业内人士透露，一些最新的人工智能技术已经在给中国创造利润。

管田地，数大棚，机器表现赛过人

"有一位专家提到，有 95% 的卫星数据被浪费；而我们把卫星数据用起来了。"佳格公司副总裁张文鹏在 2017 年 4 月 1 日 IT 领袖峰会的发布会上告诉记者。

"今天深圳上空，早上 9 点到中午 12 点，大约有 30 多颗卫星飘过。我们被卫星所环绕，每天推送海量的数据，而我们采用 30 ~ 40 颗卫星的数据同时为一个客户服务。"张文鹏展示了一张卫星图，内蒙古阿鲁科尔沁旗的牧草田呈现为一个个绿圆圈，那是直径 404 米的喷灌转臂的作品。佳格公司可以根据这些分析田地的隐患。

比如有一个草圈，机器发现它的中心环节是黄的，而其余部分是绿的。据此，机器判断是喷灌转臂故障，有十几个出水口不出水。另一个草圈长势不均匀，机器分析是施肥太粗放。

"喷水故障的这块田，我们的发现让客户挽回每年 20 万元的损失。"张文鹏说，"看管田的工人，是不会辛苦跋涉到草地中央去检查的。"

张文鹏拿出一台笔记本电脑，屏幕上正一个个框出卫星图上的矩形白色块。张文鹏说，机器用 3 个小时，在山东寿光的 5000 张卫星图中数出 231764 个大棚，这是寿光市政府也没有的准确数据。机器顺便统计了寿光的鸡舍数量。

张文鹏说："机器还能发现空置大棚——如果连续两周，大棚都没有拉帘防晒，就判定为空棚。这有助于政府发放蔬菜大棚补贴。"

大棚膜商人来要数据，好确定买家。菜贩子也来找佳格——知道 7 月番茄或 8 月菠菜的种植量，可以调节卖价。

张文鹏说，海南有一个育种基地，每一小片实验田是 21 平方米，育种公司认为每块地都种了相同数量的玉米，因为他们派了老实的农业工人实地数，报告说数目是一样多的。但机器用高清晰度的卫星图点数发现，每片田的玉米数都不一样，少到 102 株，多到 153 株，这显然影响玉米产量研究的准确度。

经佳格公司的技术改进，烧秸秆的田块在 4 小时之内就会被发现并响应。机器分析卫星图，还可以确定农田受灾的程度，给保险公司一个准确的数字。[①]

传统诊断农作物病虫害的方法是人工目测，但这存在两个问题：一方面，农民并不能保证根据经验做出的判断完全正确；另一方面，由于没有专业人士及时到现场诊断，可能会使病情延误或加重。现在，人工智能可能会使这一问题得到解决。

根据雷锋网的介绍，近日美国宾夕法尼亚州立大学和瑞士联邦理工学院（EPFL）的研究人员共同开发了一款软件，能够基于用户提供的照片识别出农作物病害。

科学家建立了一个系统模型，并将其连接到一个计算机集群来形成一个神经网络。随后建立了一个拥有 53000 多张健康及患病作物照片的数据库，其中包括 14 种作物和 26 种病害。研究人员利用深度学习的方法来"训练"模型寻找出所有视觉数据。最终，这个系

---

① 来源：中国农业新闻网。

统能够从照片中识别出作物和病害，准确率高达 99.35%。[①]

宾夕法尼亚州立大学的教授 David Hughes 表示："到 2020 年为止全球约有 50 亿人使用智能手机——而在非洲使用人数将达到 10 亿左右。我们相信这种方法将能帮助农民降低农作物损失。随着移动设备上传感器数量和质量的不断提高，我们认为通过智能手机来准确诊断出病害只是时间问题。"[②]

数字农村：普惠

据北京大学黄益平教授的一些研究，从 2011 年到 2015 年，普惠金融的城乡差距在迅速缩小，越是落后的地方发展得越快，因为越落后的地方需求更迫切，而技术让这种需求的满足成为可能。

针对"三农"服务，截至 2017 年 3 月底，超过 1.6 亿的农村消费者利用蚂蚁金服提供的支付、保险和信贷服务获得跟城里人一样的金融体验。其中，有 175.7 万家农村小企业、个体工商户和种养殖户利用上述服务提升自身经营水平。

蚂蚁金服的科技将让农村老太和银行行长享受一样的服务。如果没有科技在金融领域的助力，无法想象一位卖牛肉干的淘宝店主在过去 5 年可以在蚂蚁金服旗下网商银行贷款 3794 笔。因为依托蚂蚁金服的"310"数字普惠金融技术——3 分钟申请，1 秒钟到账，0 人工干预，这位店主平均每天申请贷款两笔，最少 3 元，最多 56000 元。上面这样的金融科技，已经服务于全国 650 万小微经营者，提供超过

---

① 来源：众创龙岗，微信号 szzclg。
② 来源：雷锋网。

8000 亿元贷款；还有 2000 万人通过蚂蚁金服旗下的芝麻信用获得了金融机构的授信，累计总额 1000 亿元。

数字经济推动精准扶贫

腾讯董事会主席马化腾在 2018 年"两会"建议利用网络打破数字鸿沟，精准扶贫。另外，一些存量的传统行业和互联网衔接之后，产生了大量转型升级的机会，也产生很多矛盾和冲突，国家支持数字经济业态，该怎样正视问题和解决问题需要关注。

阿里巴巴的普惠式发展实践始于 2009 年电商消贫。消贫的核心思路是用商业模式扶持贫困地区经济发展，通过电商赋能使他们具备致富脱贫的能力。"淘宝村"和"农村淘宝"是阿里巴巴消贫战略体系的"双核"。"淘宝村"以市场为主要推动力量，核心是"大众创业、万众创新"，依靠市场激发出的草根创新力。"农村淘宝"以"平台＋政府"为主要推动力量，核心是建设立足农村的电子商务服务体系，培育电商生态，完善电商基础设施，推动贫困群众对接电子商务，助其增收节支，进而改变其生产和生活方式，从物质层面和精神层面双双脱贫。先期成长起来的"淘宝村"，是由市场需求驱动建立起来的电商服务体系，可以帮助"农村淘宝"为农村居民提供更多的服务；而依托"农村淘宝"培育和建立的电商生态和基础设施，未来在农村也有机会生长出更多的"淘宝村"。加上阿里平台上诸多的涉农业务，如"特色中国""满天星""农村金融"等，共同构成了阿里巴巴"双核＋N"的农村消贫战略体系。

"淘宝村"和"淘宝镇"：全国 17 个省市区，已经涌现出 780

个"淘宝村"，71个"淘宝镇"，聚集了超过20万户的活跃卖家，网店销售额超过1亿元的"淘宝村"就超过30个。

"农村淘宝"：截至2016年6月，"农村淘宝"已经在全国28个省、自治区的379个县开业，其中国家级贫困县94个，省级贫困县95个，建立起了18000多个村级服务站，招募了2万多名合伙人（或淘帮手）。2015年"双十一"购物狂欢节，每个村点平均实现约3.7万元的消费，全国"农村淘宝"合伙人的月均收入已经接近3000元。

"特色中国"："特色中国"推动地域精品全面"触网"，其中包含168个"特色中国"市县馆。"特色中国"基于地域信息，向全国消费者介绍当地特产。通过电子商务和无线网络，流通效率得到极大的提升。

"产业带"："产业带"打造线上批发市场，帮助县域传统产业转型升级。截至2015年11月30日，已与阿里巴巴签约的县级产业带39个，入驻卖家8.89万家，2015年1-11月累计完成交易额417.41亿元。

"满天星"计划："满天星"计划旨在搭建安全农产品的溯源体系，自2015年4月启动第一家试点县以来，"满天星"农产品溯源计划签约县已经达到51个。

"菜鸟网络"："菜鸟网络"与第三方物流合作，通过补贴等手段，打通乡村物流通道。截至2015年12月底，"菜鸟网络"跟随"农村淘宝"进驻了23个省份的225个县。拥有24个物流合作伙伴、近800辆运输车。下行日均履行9万单，上行日均履行2500单。累计发放物流补贴3500万元。

淘大县长电商研修班：县长电商研修班由淘宝大学与阿里研究院倾力打造，旨在为县域电商发展培育高级人才。截至2015年12月底，淘宝大学县长电商研修班已成功开办 40 期，覆盖全国 26 个省 / 自治区的 193 个地级市、598 个县，共培训县级领导干部 1572 人。

阿里巴巴普惠式发展战略的成果

（一）帮助贫困地区消费节支

2015 年 832 个国家级贫困县在阿里零售平台上，共完成消费 1517.61 亿元，同比增长 50.39%，其中超过亿元的有 505 个贫困县。根据我们在农村基层的调研，网上购买的商品比农村线下价格平均低 20% 左右，因此阿里零售平台上的电商消费，为贫困地区节约支出超过 300 亿元。

（二）帮助贫困地区变现增收

2015 年 832 个国家级贫困县在阿里零售平台上，完成销售 215.56 亿元，同比增长 80.69%，其中超过亿元的有 38 个。一些贫困地区依靠传统产业线上转型，焕发出新的生机；一些贫困地区依托本地资源，将土特产品卖上全网；更有一些贫困地区把握市场需求，根据需求找资源、促生产，同样实现增收脱贫。

（三）为贫困地区搭建新型服务体系

"农村淘宝"搭建的 18000 个村级服务站，除了消费品下乡和农产品进城的双向商品服务外，依托各涉农业务，阿里还在农村地区展开了众多生活服务的创新实践。例如，通过与当地的联通、电信等运营商合作，为村民提供充值、上网等服务；通过与去啊平台（阿里旅行）合作，为村民提供预定火车票、飞机票、宾馆等服务；通过与支付宝合作，给村淘合伙人授信，为村民提供生活缴费、小额取款等服务。未来依托阿里健康平台，还会为村民提供挂号、取药、远程诊断等服务。

（四）为贫困地区建立电商基础设施

通过农村淘宝项目的落地，阿里巴巴还帮助农村建立起电商基础设施，包括交易、物流、支付、金融、云计算、数据等。未来各类经营主体、各种创业者都可以借助这些基础设施，为农村、农民带来更丰富、更创新的信息化服务。

（五）为贫困地区孕育电商发展生态

1. "淘宝村"。截至 2015 年 12 月，全国已发展各种类型的"淘宝村"780 个，这些"淘宝村"有效提高了当地农民的收入，提升了农民生活幸福指数，也成为拉动农村经济发展、促进农村创业和就业、缩小城乡数字鸿沟的新型渠道。

2. 电商人才。截至 2015 年年底，832 个国家级贫困县在阿里零售平台上，共有用户 2309 万人，共有卖家 33.21 万人。

3. "农村淘宝"合伙人。自 2015 年 5 月起，阿里巴巴集团启动了农村淘宝的"2.0"模式，合作伙伴为专业化的"农村淘宝合伙人"，阿里巴巴计划在未来发展 20 万名合伙人。

（六）开展电商消贫助农的专项活动

阿里巴巴集团利用在互联网渠道上的优势，在旗下的淘宝、天猫、聚划算、农村淘宝等平台开展了" 10·17 线上助贫专项活动""11·11 网络购物狂欢节活动""11·18 赣南脐橙节活动"" 2016年货节"等系列助贫活动，帮助贫困地区线上销售农特产品，取得了良好的经济和社会效应。

（七）电商消贫帮扶特殊人群

阿里巴巴很早就开始尝试用电商的手段来帮助少数民族、农村留守群体、伤残人群弱势群体，同时平台共享出的协同与服务，也使得更多有情怀的网商、服务商得以加入到这场消贫实践中来，弱势贫困群体借助电商的手段，得以自立自强，脱贫致富。中国残疾人联合会《"互联网+"，让残疾人创业就业不再遥远》报告显示，截至 2015 年 6 月底，淘宝网上共有残疾人卖家 31.6 万人，实现销售105 亿元。最新数据显示，淘宝网上残疾人卖家已经突破 45 万人，销售额超 120 亿元。

中国对农村电商的探索对很多发展中国家具有借鉴意义。因为无论是农民生活水平、农业生产方式，还是农村基础设施等，这些国家与中国都有相似之处。中国农村电商的成功经验均可能复制推广，授人以渔，而后共同营造渔场，最终实现经济发展和民众富裕。由阿里研究院"活水计划"学者们编撰的《中国淘宝村》英文版成功输出到印度，印度媒体也在呼吁他们的总理莫迪学习中国"淘宝村"的发展经验。

第十五章

数字政府如何降低体制成本

提供便民服务

　　政府是市场经济发展中不可缺少的公共物品的提供者。在日益复杂的经济活动中，政府需要"在位"的地方越来越多。但政府运行本身也有成本，如何协助政府提供更多更好的公共服务，同时又降低体制运行成本，是数字经济可能带来的改变，也是数字经济显示其效力的竞技场。

　　随着互联网特别是移动互联网发展，社会治理模式正在从单向管理转向双向互动，从线下转向线上线下融合，从单纯的政府监管向更加注重社会协同治理转变。我们要深刻认识互联网在国家管理和社会治理中的作用，以推行电子政务、建设新型智慧城市等为抓手，以数据集中和共享为途径，建设全国一体化的国家大数据中心，推进技术融合、业务融合、数据融合，实现跨层级、跨地域、跨系统、跨部门、跨业务的协同管理和服务。要强化互联网思维，利用互联网扁平化、交互式、快捷性优势，推进政府决策科学化、社会治理精准化、公共服务高效化，用信息化手段更好感知社会态势、畅通沟通渠道、辅助决策施政。

数字经济时代，依靠大数据、云计算来实现"推进政府决策科学化、社会治理精准化、公共服务高效化"，已经逐步在各个城市落地。

大数据时代，云计算成为经济社会发展的基础设施。政府成为云计算最为积极的实践者之一。目前，全国引入阿里云计算的省、自治区、直辖市包括：海南、浙江、贵州、广西、河南、河北、宁夏、新疆、甘肃、广东、吉林、天津。

各地政府希望借助云计算推动电子政务、政府网络采购、交通、医疗、旅游、商圈服务等政府公共服务的电商化、无线化、智慧化应用，同时推动传统工业、金融业、服务业的转型升级，催生带动一批本地创新创业企业发展。

案例

公安部——与阿里云全面推进"云＋端"合作模式

公安部未来将通过完全自主可控的云计算和大数据平台以及云手机操作系统，也就是"云＋端"的模式，为公安部全体民警提供手机移动执法和移动办公的服务。

目前该项目已经上线测试，并且开通和使用了阿里公有云提供的弹性计算、云数据库、云存储，以及通过中央控制集群实现的云管理、云监控、云安全等服务。另外，公安部科技信息化局和其他业务司局以及多个省厅均在和阿里云进行云计算和大数据方面的沟通和探索。

浙江省——"政务超市"实现全省便民一张网

浙江省杭州市从 2012 年 12 月启动政务云建设。总体目标是围绕建设"智慧城市"和带动产业发展 2 个目标。目前，杭州市把阿里云计算作为杭州市"智慧经济"建设的统一的云计算和大数据基础服务平台，使得智慧城市的投入能够产生足够大的效益，让智慧城市具有可持续商业运营的能力。此外，智慧城市的本质是通过运营数据向老百姓提供互联网的公共服务。也正是在提供这些公共服务的过程中，民众的需求将进一步推动政府逐步实现数据公开，从而促使政府从管理型政府转型为服务型政府。围绕这一总体目标，杭州市政府全面推进杭州政务云项目建设。同时，也希望用政务云打破当前各委办局信息化系统各自独立建设为主的旧局面，一揽子解决部门独立建设中的浪费问题，逐步形成以按需分配的方式向各委办局提供存储资源和计算资源的政务信息化支撑模式。

依托阿里云计算的海量数据处理能力，浙江政务服务网整合了40余个省级部门、11个地市和90个县（市、区）政务服务资源，实现了省市县的数据直连，将行政审批的"人跑腿"变成"数据跑腿"。浙江省市县3300余个部门已纳入浙江政务服务网，并按照个人办事、法人办事、便民服务等主题分类导航，面向网民提供在线服务。

针对老百姓办理频率最高的婚育收养、教育培训、纳税缴费、就医保健、社会保险、证件办理等14类主题，浙江云计算"政务超市"汇聚了2.4万项服务资源，提供15万条便民服务信息。届时，公众可以在线使用预约结婚登记、预约诊疗挂号、报考各类职业资格以及查询高考成绩等各类服务。

值得一提的是，在这个云计算"政务超市"里，网民不仅可以像逛淘宝一样方便地办事，还能使用支付宝来缴费。作为首批试点，高速公路违章罚款、水电煤费用、省财政厅政府非税收入等已接入支付宝在线缴费，未来将有更多缴费项目接入。据悉，这是政府网站首次接通支付宝在线支付，在全国具有突破性意义。该网站还集成了电子地图服务，汇聚全省 14 类近 5000 个办事场所和服务场馆信息，形成了全省便民服务一张网。

浙江政务服务网还公布了全国首张省级政府权力清单。未来，更多的政府权力将在这里晒出，包括"三公"经费、考试招生、征地拆迁、工程建设等社会关注的领域。各级政府部门每一笔审批业务的办理信息将在网上公告，接受公众监督。

降低体制成本

报关是对外贸易的重要环节，报关精准和效率直接影响了进口商和出口商的利益。传统情况下，众多报关公司通过密集人工操作，输入表格后，完成报关操作。信号旗智能科技公司采用深度学习、人工智能、大数据技术，将各种表单自动识别，完成报关处理，不仅大大颠覆原有的低效率、高错误率的处理方式，使报关企业获得成本优势、技术优势，更重要的是，通过人工智能获得的精度将直接服务于更多中小企业，为其带来成长优势，最终推动整体进出口贸易链的变革，更可能带动相关领域的整合。

进出口贸易量大幅增长，报关业务因贸易便利化的趋势，而成为外贸市场细分化的产物。报关公司逐渐从外资企业和外运货代企业中独立起来，承担起报关咨询、报关代理和报检代理等中介服务。报关业作为沟通海关和客户的桥梁，正在贸易产业链中发挥着不可替代的作用。

在中国，东部和东南沿海发达地区的进出口贸易规模大，是报关公司的聚集地，如上海有报关公司 1619 家。但是，中国整体报关行业发展水平并不高，超过万家报关企业中，只有不到千家可能成为

《中华人民共和国海关企业分类管理办法》所列的 A 类企业。

与美国作为世界第一大贸易国，百余家报关公司，进行集中而高效的报关运作不同，中国本土的报关公司依赖于人工操作，再加之报关员从事本行业的年限短，流动性大，有较高的报关差错率。这不仅为报关行业创造了巨大的发展空间，也使正在蓬勃发展的报关行业面临前所未有的挑战。

2016 年 8 月，前阿里巴巴集团高级 IT 审计专家庄志强在经历最初创业考验后，遇到了俞洲，两人开始碰撞出新的创业灵感。庄志强深识 IT 技术迭代和演进趋势；俞洲则与海关服务中心合作从事海关大数据增值服务与企业应用 12 年，对海关业务和商检业务熟悉至极，与海关、进出口企业有良好的合作关系。他们成立了信号旗智能科技公司，开始从低效率、高误差的报关作业方式中寻找机会。他们在多次讨论后对报关存在的痛点列出"两多一高"的概括，即表单类型多，涉及环节多，成本极高。

首先，报关需要涉及多达数十种的表单，除了发票、合同、许可证等少有的标准化单据，多数外贸表单并没有统一规定，外贸交易方之间，甚至公司与总公司，总公司与分部之间的表格也可能完全不同，没有固定格式。例如，原始合同、原产地证书、优惠协定等表格完全源自贸易企业双方自定义，再加之各类许可证和信用证因区域各异，报关表格所涉及的数据处理复杂而多样。当报关时，找到其中的某个数据或者完全按规定填表就非常困难。

与此同时，按照行业规定，原始文件、过关数据、单证需要两年以上的存档期，以随时验证交易合法性。这意味着连接多个贸易环节的报关表单需要的精度极高。因为任何的表单错误都可能导致意外。如果人工录入表单时，产品报关的品类错误，就会产生税率差别；

数量错误会影响贸易份额，如果进口种类存在配额规定，达到规定配额后就可能不再进口；如果其他相关信息错误更有可能退单，或者带来仓储监管的问题，甚至可能因违规产生海关惩罚成本。"一个数字有时会影响深远，有时报关公司会负刑事责任。因此，报关公司几乎不能在任何一个环节出现错误。"庄志强说。

在成本方面，报关公司因人工为主导的工作方式付出高额成本。进出口报关过程98%为人工制单，人工录入，人工审核校对，由于人力成本带来的运营成本不断提高，大量报关企业处于亏损常态。

庄志强认为，不仅仅是高额的人工成本，还有各类成本因素的叠加。例如，由于贸易量季节波动，在"双十一"至圣诞节，报关进入高峰期，报关公司需要投入大量人员进行报关过程操作；在贸易低谷期，企业可能产生大量冗员，业务波动带来的人员需要量波动，对企业形成成本压力。又如，报关过程中可能随时会遇到由于贸易环境变化带来的海关规则、税收规则调整，以及物流情况的变化，这就需要专门的人员培训，成本高，周期长。

不仅报关公司需要高效而精确地处理表单数据，外贸企业也对数据"充满渴望"，因为准确而高效的报关数据回传，可使他们提前部署生产方案，降低生产成本，合理安排库存。

既有的技术方案以固定化的格式和字段属性识别，实现从表单中提取关键信息，例如身份证识别技术已经非常成熟。但是这种技术并不能适应报关环节表单的多样性。更新的技术可以通过 OCR 进行票据识别，在银行票据、发票凭证等方面已经有了广泛的应用，但是识别固定格式的中文单据的技术，并不涉及机器学习及自然语言处理。在报关领域，如果发票和信用证时期识别的表单字段有冲突，就很难进行信息比对。通关过程缺乏国际贸易单证标准化校验，因此引起的通关壁垒导致每年上万亿元的损失。

在已有的参与者中，阿里巴巴旗下外贸综合服务平台在探索为进出口商提供更便利的报关服务。作为中国专业服务于中小微企业的外贸综合服务行业的开拓者和领军者，该平台为中小企业提供专业、低成本的通关、外汇、退税及配套的物流和金融服务。但存在的问题是，小报关公司以代理的角色参与时，运作方式依然是线下报关，再加之货代公司不愿与大公司合作，在庄志强看来，这些既有或者正在探索的方案并不能切合报关企业的实际需求。"多样的表单与机械人工操作是报关行业低效率、低效益的根源。可行的解决方式是将复杂的图表中信息识别后进行统一和深度的结构化处理。"庄志强说。

信号旗智能科技公司在技术专家、人工智能团队和海关行业经验方面的优势，是他们赢得未来的先决条件。但是，在此方向创业的确面临实际的困难。

首先，人与机器的配合就是一个难题。"人工智能应用过程中在相当长时间内是人与机器配合。"但是，"人是否足够有能力进行技术实现？"很多技术问题，实际上还没有从根本上得到解决；在某些方向，数据的准确率仍然不高，人与机器的配合也还没有达到水乳交融的地步。

其次，在人才方面，"现在需要的是人才积累能力，而不是培养，"庄志强说。

最后，内部还存在一些难以解决的技术冲突。比如计算机视觉和语音，"两者都重要，"但是，"有些功能到底视觉放在前面，还是语义放在前面？"

庄志强与技术创业团队将采取何种解决方案？

（一）智能而集中地进行数据提取、汇集

信号旗智能科技公司的团队选择了上海两家报关公司作为"种子"用户，以智能工具切入报关流程，结合用户实际业务流程，以分步走的方式进行系统开发。

他们首先将计算机视觉、数据清洗、深度学习的技术应用于外贸海关领域。在此过程中，通过 OCR 技术识别文件，提取海关材料的关键信息，并解析复杂表格中所需要填写内容之间的复杂逻辑；自带审核、识别、校对功能，自动清除无效数据。他们开发出批量转换表格技术，批量压缩 JPG、Excel、PDF 等各种文件形式的表格。即使对不同公司、不同文件、不同结构、不同内容也能进行识别，系统具备深度学习，自动升级，提高识别与处理能力。

这样，一键化操作的方式，替代传统报关过程中的制单、录入、审核等人工环节，此前进出口报关过程中98%的人工制单、人工录入、人工审核校对等工作，转换成了人工智能的机器处理，大幅度降低报关费的同时为客户回传该票业务的海关、商检、外贸手册、港区、物流、税款、堆场、卡口外部实时数据。采用计算机视觉与模式识别以及自然语言处理与深度学习技术，将各种格式的英文进出口票据自动转为汉语的海关、商检标准格式的报文，可以一地集中发送，全国口岸申报。

通过人工智能与人协同工作，报关企业降低了生产要素价格，提高了生产效率，直接为企业增加了利润。数据表明，与传统模式相比，应用人工智能报关的企业成本降低了1/2。2016 年，上海两家报关公司在试用信号旗智能科技公司的人工智能报关系统后，其中一家报关公司只有 5 个人，但每年可以做 1000 票，2017 年的目标是做到

5000票；另外一家公司由2000人的规模下降到150人，每人每天能做20票，有的单线程加审核的票甚至能在1分钟内完成，数据的错误率大幅降低。

（二）数据创造新的生产力

信号旗智能科技团队计划首先立足于上海发展，开展业务，然后根据业务积累的大数据，拓展更多的业务。例如，通过智能报单的过程数据，帮助报关企业制订生产计划，安排货物进出口，向海关提供数据参考。"我们提供的数据比海关更优质，更全面。提供完整的数据，经过他们准确性优化和提炼的数据，优化海关部门管理和决策。"庄志强说。在此基础上，通过报关单位的交易记录和数据沉淀，如交易数量和规模、运转周期、仓储状态等，作为征信记录证明，获得供应链金融服务。

信号旗智能科技基于数据的服务模式

（三）勾勒自己的云图

"基于深度学习、人工智能技术的多种表单数据提炼仅是业务拓展的入口，在数据汇聚后，所有增值性的业务运营、业务创新都会以云为基础。"庄志强说。

2017 年，信号旗智能科技公司已经获得种子轮融资 300 万元，天使轮融资 600 万元。这使信号旗智能科技公司基于阿里云的服务，积极推动智能报关 SaaS 平台的研发与上线。未来三年，他们基于云平台，将打造一个开放的社会化报关集成中心，成为可以 1 小时快速报关，并支持物流、商流、资金流的人工智能中枢。与此同时，通过自建、共建、合作等多种形式，打造全国开放式的服务团队，建立日处理 30 万票、2000 万元货的报关业务，在保持合作共赢前提下，通过大数据沉淀，与第三方合作拓展相关服务产品，产生新的价值。

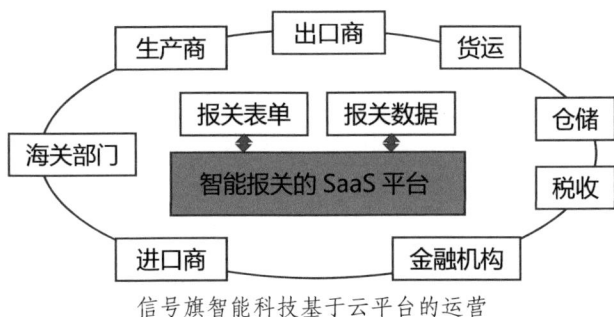

信号旗智能科技基于云平台的运营

在大数据的基础上，基于阿里云的支持，信号旗智能科技公司可以优化报关，推动海关程序进一步阳光化、透明化，推动行业企业优化、合并与重组，进而帮助中小企业成长。

1. 建立与目标行业痛点相匹配的核心能力

庄志强认为，基于报关行业的实践经验，以深度学习、人工智能、大数据技术优势，精准提炼复杂报关表单数据，依然是公司创业期间最核心的能力。

由 12 名技术专家构成的信号旗智能科技团队，几乎涉及了相关技术的各个领域。

熊照，首席技术官，百度系统架构师／研发经理（T7），支付宝系统架构师，拥有百付宝个人专利，具备分库分表中间件 heisenberg 应用于多个重点产品线的经验。周涛，首席科学家，上海交通大学图像处理与模式识别研究所博士，美国北卡罗来纳大学计算机视觉、图像处理方向博士后。魏松伟，自然语言专家，在美国亚特兰大的 Aptean 总部工作近十年，擅长供应链管理、自然语言处理、人工智能等方面。李会川，图像算法专家，武警特种部队情报侦察专业，精通图像处理和模式识别，深入研究神经网络、深度学习等机器学习算法。吴思琪，计算机视觉专家，有多个独立开发的计算机视觉课程项目经验。

在庄志强看来，技术团队从不同角度建立多元化技术储备，使信号旗智能科技团队叫能形成合力，撬动传统行业的痛点，进而带来变革。

2. 技术改变进出口贸易链

"与其说帮助报关提高效率，不如说帮助中小企业获得更多的贸易机会。这样，进出口商、报关公司都会从中受益。"庄志强说。

在报关公司成本高，持续亏损的情况下，中小贸易企业会付出更高成本。出口商、报关公司、进口商以及相关税收、仓储、物流商均因成本压力，而向出口贸易链的其他参与方转嫁，参与各方的关系彼此对立。现在这种关系正因为信号旗智能科技公司的加入而发生改变。一切的根源来自计算机视觉、数据清洗、深度学习的技术应用所精准发掘的多元化报关数据，这一举措也打通了传统贸易链中的经络，传统的交易链参与方以数据为连接充分交互，基于数据形成新的连接，这使彼此站在多边连接的支点上合作共赢，进而使贸易产业有更多商业模式的空间。

信号旗智能科技公司的愿景是"让报关更加智能简单，让中国外贸更加美好"；其产品无论是对于企业而言，还是对于行业而言，都具有一定的意义。

从企业的角度看，信号旗智能科技公司的产品，可以帮助报关企业利用计算技术替代95%人工劳动，用数据优化剩余的5%服务，大规模集中处理进出口单据，降低进出口成本。这样，报关公司以标准化计算作业可以经过协同提升报关速度，使用外部数据与客户数据对比，避免退单、改单，提高货物放行速度，降低了生产要素价格。

从行业的角度看，在基于数据集中的贸易流程形成之后，贸易数据真实流转，促进物流、资金流、商流整合，这将使更多进出口贸易相关机构可以从数据中掘金。例如，企业向海关、质检部门如实提供单据，结合大数据、云计算，使外贸企业获得征信、业务撮合、供应链金融等丰富的服务，增加企业进出口成交的机会。

信号旗智能科技公司正在规划与实施下一步的战略，以推动上述企业愿景的实现。

例如，增加服务器，提高人工智能系统的运算能力，从而进一步提升基于既有数据的运算分析，然后由此扩展业务，乃至帮助中小企业获得新生，并形成金融价值。对于中小企业而言，通过这些数据了解报关周期性的波动规律，就可以更好配置资源，提前决策，在不确定的市场中优化决策，使企业获得新的成长力。

还有，信号旗智能科技公司计划通过3～5年的努力，打造一个开放的社会化报关大平台，达到在全国任意一个地区做到1小时快速申报的目的。另外，通过自建、共建、合作等多种模式，打造遍布全国的开放式线下报关服务团队，建立一张能支撑日均10万份进出口申报、500万元报关量的报关骨干网络。让平台支持越来越多的物流、商流、资金流等业务场景。①

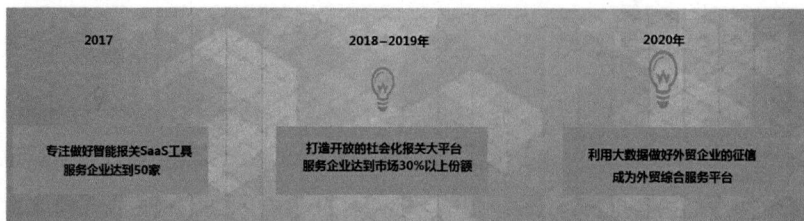

2017	2018－2019年	2020年
专注做好智能报关SaaS工具服务企业达到50家	打造开放的社会化报关大平台服务企业达到市场30%以上份额	利用大数据做好外贸企业的征信成为外贸综合服务平台

信号旗智能科技公司规划

---

① 来源：阿里云研究中心。

第十
六章

数字经济：更普惠的社会 [1]

商品经济改革、市场经济改革、加入 WTO 的三十年让中国超越过去百年的增长。但是，国内外需求杠杆去化、人口增长拐点和投资效率降低让"国富螺旋"无以为继。2012 年网络零售首破万亿元，标志着新的增长模式——数字经济破茧而出。数字经济能够实现就业增加、收入提高、物价下降、购买力提高的"民富螺旋"，实现可持续的内生增长。

旧的经济发展模式中，投资主导经济；而在数字经济中，需求主导经济。网络零售反映数字经济中居民部门（和部分政府部门）的最终需求，是核心的增长动力。展望 2020 年，网络零售将保持两位数增长，达到 10 万亿元，占社会消费品零售总额的 20%。

到 2020 年，年轻数字消费者将完成一次代际更替。19 ~ 28 岁的社会新鲜人数量会降至 1.7 亿，比 2013 年减少 23%，对网络零售

---

[1] 阿里研究院：《关于数字经济民富论的几个观点》。

增长的比重将由 43% 降至 13%。与此同时，29 ~ 35 岁的新家庭人口将增至 1.7 亿，比 2013 年增加 19%，对网络零售的贡献将由 22% 提升至 47%。

一线到四线城市网络零售发展基础较好，未来仍将稳步增长。随着收入的提升和网购观念的普及，数量庞大的五、六线城市将是新的增长点，对增长的贡献将由 2012-2015 年的 36% 提升至未来五年的 51%。

投资经济的"国富螺旋"

改革开放以来，中国国内生产总值跃居世界第二，重回大国之列。"国富螺旋"是中国经济高速发展的发动机。需求方面，发达国家房地产泡沫引导居民过度消费，储蓄率降至历史低点，WTO 将中国生产能力与海外旺盛需求连接。在国内，地方政府通过融资投入基础设施建设，房地产行业借助宽松的流动性快速扩张。两大需求共同推动上游重化工业产能大幅扩张。中国主要工业品产能如钢铁、水泥、平板玻璃、电解铝等均跃居世界第一。另外，黄金发展三十年中，中国一直在享受人口红利——劳动年龄人口占总人口比重较大，抚养率比较低，储蓄率比较高，工资上涨一直维持较温和的状态。国内外被杠杆放大的需求、高储蓄率下持续高强度的投资和充足而廉价的劳动力不断正向加强，推动中国经济持续高速增长。

"国富螺旋"的成长之痛

2007 年次贷危机之后，发达国家房价暴跌，此前房价上涨带来的财富效应化为乌有，居民开始痛苦的去杠杆过程。在国内，低线城市住宅库存巨大，而当地居民住房自有率已经很高，经济发展前景不足以吸引大量外来投资需求。2015 年国内生产总值增速跌至 6.9%，创 25 年来新低。

投资效率快速下降是经济增速回落的最重要原因之一。中国是投资拉动增长教科书式的案例。商品经济改革、市场经济改革、加入 WTO 这三十年，国内生产总值以几何级速度增长，2002-2011 年年均国内生产总值增量是 1982-1991 年的 20 倍。与此同时，投资占国内生产总值的比重一直维持在高位，企业利润几乎完全用于固定资产投资，扩大生产规模。由于固定资产投资高度集中在出口导向型行业、基础设施、房地产及其上游行业，当国内外需求收缩时，产能过剩问题立即显现，投资效率快速下滑。1982-2011 年，单位固定资产投资产出的国内生产总值下降了近一半。

接近无限供给的劳动力和一直维持低位的劳动力价格是高投资、高增长模式的基础。中华人民共和国成立以来，鼓励生育政策让中国的总和生育率维持在 3% 以上长达 20 年。1982 年商品经济改革前，中国总人口比 1949 年增长了 80%。1982 年、1992 年、2002 年三个黄金十年，得益于 1952 年、1962 年、1972 年三个生育高峰期带来的人口红利，劳动力供给始终大于需求。商品经济改革之后的十年是最后一个生育高峰，进入市场经济改革的 20 世纪 90 年代，人口生育率开始下降。加入 WTO 后的十年，新生儿数量比 60 年代下降了 40%。也就是说，2041 年 30 ~ 39 岁的劳动人口会比 2001 年下降 41%。人口年龄结构的变化已不可逆转，经济发展模式也必须相应改变。

经济高速发展的三十余年中，居民收入和消费增长缓慢，劳动报酬占国内生产总值的比重从 20 世纪 90 年代初的 50% 跌至 2011 年的 45%，2010 年居民消费占国内生产总值的比重跌至改革开放以来的最低点。劳动力的供求关系已经发生逆转，用工荒从北上广扩散到了中西部制造业大省。部分劳动密集型的外资企业，如服装鞋帽，已经开始把生产线转移到劳动力成本更低的印度、越南等地。

国内、国外两大需求放缓后，传统经济部门产能过剩、投资效率低下、劳动年龄人口减少动摇了投资拉动经济增长模式的基础。中国需要找到一条新的发展路径继续前行。

数字经济的"民富螺旋"

2012 年，中国经济迎来了新的里程碑——网络零售首次突破 1 万亿元，居民消费占比开始稳步回升。一股以消费者为核心，以互联网平台为载体，以信息通信技术为手段的新力量——数字经济开始冲击旧的经济秩序。

数字经济是面向国内消费者需求的供给侧改革，能够产生收入提升、物价下降、购买力提升的"民富螺旋"，创造了良性的内生经济增长新模式。

第一，数字经济对现有的生产供应链体系进行重构，降低了成本，提升了效率，丰富了供给多样性。互联网技术使得生产供应链上的各个环节信息沟通成本大大降低，能够组织全新的生产方式，减少中间冗余环节，提升生产效率。信息高度透明导致互联网平台竞争激烈，各环节供应商努力降低商品价格，保持价格竞争力，同时丰富商品品种，满足消费者个性化需求。

第二，商品价格降低提升消费者实际购买力。以阿里零售平台为例，阿里网购核心商品价格指数（aSPI-core）同比增速连续50多个月负增长，与长期正增长的CPI形成鲜明对比。在工资水平没有大幅增长的情况下，消费者在网络购物的实际购买力提升。此外，阿里零售平台提供超过10亿种商品，极大丰富的供给能够引导需求。让消费者重新认识、发掘自己的新需求，促进消费的增长。

第三，消费者需求的信息在数字经济中快速传播，引导资本流入。互联网正在逐步承担金融市场的部分功能，引导整个社会的资源分配。消费者需求被发掘带来的赚钱效应会通过互联网迅速传播，大量投资会快速导入，从而大大加快研发进程和产品成熟度。另外，对数字经济基础设施、人才、技术的投资能够成倍放大现有系统效率，降低产品生产和研发的成本。

第四，数字经济创造新就业机会，培养新劳动技能，提高劳动报酬。以阿里网络零售商业生态系统为例，平台、厂家、商家和服务商形成了有效的相互促进关系，快速发展的同时吸纳了大量就业，有效地支撑了"大众创业、万众创新"的落地。截至2015年年底，阿里巴巴仅零售商业生态创造的就业机会就超过1500万个，其中，仅淘宝、天猫平台上网店提供的就业机会就达1100万个，提供的电商物流领域就业机会达200万个，还有超过200万个电商服务相关就业机会。根据猎聘发布的《2016年二季度就业报告》，与互联网、新技术相关的行业薪资名列前茅，其中，网络游戏位居第一。而就业最差的十大行业，均为典型的传统行业，如机械制造、房地产等。

数字经济消费者的十万亿征程

在旧经济发展模式中，投资主导经济，出口部门、基础设施、房地产及其上游重化工行业的固定资产投资是增长的核心动力。而在数字经济中，消费者需求主导经济，网络零售反映数字经济中居民部门（和部分政府部门）的最终需求，是核心的增长动力。2015-2020年，网络零售仍将保持两位数增长，达到10万亿元，占社会消费品零售比重将进一步上升到20%。其中，现有网购用户将继续增加在网络的消费，对2015-2020年网络零售总额增长贡献超过一半。另外，中国网络零售渗透率仍有增长的空间，新增网购用户将提供剩余的增长。

到2020年，年轻数字消费者将完成一次代际更替。我们将年轻数字消费者分成两个组别：19～28岁的社会新鲜人①和29～35岁的新家庭。前者刚刚走出校园，得到第一份工作，有了独立的经济能力。后者很可能已经组建了家庭，有了第一个孩子。结婚生子前后，消费结构会发生巨大的变化，比如耐用消费品和母婴、教育类消费会迅速攀升。根据联合国人口署数据推算，到2020年社会新鲜人数量会降至1.7亿，比2013年减少23%，对网络零售增长的比重将由43%降至13%。与此同时，新家庭人口将增至1.7亿，比2013年增加19%，对网络零售的贡献将由23%提升至47%。

东部沿海城市互联网基础设施较好，网络购物渗透率较高，是

---

① 指那些刚刚进入社会，刚刚参加工作的人。

数字经济目前主要的受益者。到 2020 年，一线到四线城市网络零售仍将保持稳定增长。部分五六线城市已经呈现出较强的网络消费倾向。新疆维吾尔自治区的石油城克拉玛依由于被沙漠包围，实体零售进入成本较高，消费者钱包份额居全国之首。随着收入提升、网络购物基础设施和观念的普及，中西部大量低线城市将被数字经济惠及。预计五六线城市网络零售的占比将比 2015 年提升约 10 百分点，增量的贡献将由 2012-2015 年的 36% 提升至 51%。

到 2020 年，中国的中产及以上阶层将接近 2 亿户，超过美国全国的家庭户数。中产阶层对产品和服务的要求日渐提高，国内现有供给无法完全满足其要求。跨境网络零售面临重大发展契机。根据埃森哲的测算，从 2014 年到 2020 年，跨境 B2C 零售进口市场年均增速将高达 50%。

过去三十年，投资主导的"国富螺旋"将中国带回大国之列。但是，国内外需求杠杆去化、人口增长拐点和投资效率降低让"国富螺旋"无以为继。未来三十年，重构供应链、再造消费、引导再投资、创造新就业的数字经济"民富螺旋"将重塑中国经济，创造可持续的内生增长新模式。

第三篇

如何迎接数字经济?

第十
七章

实体经济如何迎接数字经济

数字经济时代，实体经济将面临重要的转型。这种转型的力度类似于从没有电的时代转向有电的时代，从没有 IT 的时代转向 IT 的时代。

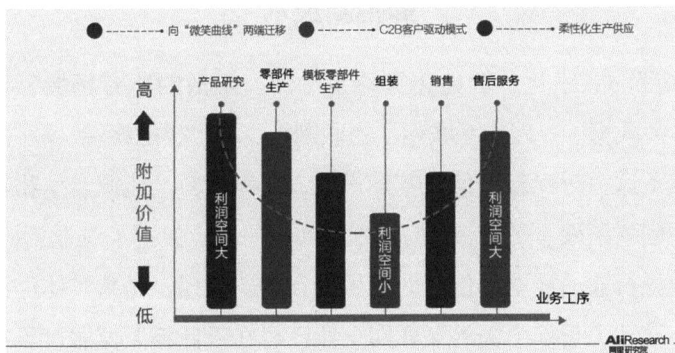

新引擎：促进传统产业升级转型

发展新实体经济可以从以下五个方面着重发力：①拥抱新技术；②开发新资源；③布局新产业；④利用新金融；⑤营造新环境。[①]

---

① 高红冰：《发展"新实体经济"的五个发力点》，阿里研究院。

　　实体经济发展是"国富民强"的基础。在中国经济步入"新常态"、经济结构优化、经济发展方式转变的关键期，振兴实体经济更是势在必行。肩负"加快数字经济创新，推动经济发展"的重任，中国互联网企业可以充分发挥自身作用，通过"振兴实体经济"为"经济平稳健康发展"做出突出贡献。

　　在技术加速突破、商业模式不断创新、生产和组织方式日渐改变的大背景下，实体经济的范围也在日益丰富和延展。除了传统的农业、制造业，新兴的互联网产业，传统产业与互联网融合生成的新产业也在成为举足轻重的力量，构成了"新实体经济"。发展新实体经济的五个方面的发力点分别如下。

拥抱新技术

　　深度的数字化、智能化穿透了生产、生活的所有场域，云（云计算、大数据）、网（互联网、物联网）、端（智能终端、软件应用）已构成了这一时代新的信息基础设施，成为材料、能源、生物等科技研发的创意汇聚、交换、实验和加速实现平台，促进了农业、制造业、服务业各行业的成本降低、效率提升和创新涌现，是新实体经济发展的核心推动力量。中国的互联网企业已经在云计算上位居世界技术及服务能力的第一梯队，在物联网及智能设备的系统开发和设计制造上的动向已成为全球产业的风向标，促成其在国内迅速、普遍被采用，将决定新实体经济发展的质量与后劲。

开发新资源

人口红利消失、环境问题严峻、自然资源有限，经济发展依赖传统资源投入的弊病充分显现。在寻求传统资源更为高效利用的同时，新资源的开发刻不容缓。数据资源的利用水平和成效，日益成为企业、国家拥有实力的新来源。数据驱动，让生产运作、科技研发更高效；数据孵化，让新产品和服务脱颖而出。

中国拥有比肩美国的互联网平台和更为丰富的场景，在数据这一新资源的开发利用上具有得天独厚的优势。公共领域数据应加速共享开放，为各行业提供深度开发的舞台，以免错失历史发展机遇，支持数据采集、存储、处理、分析、算法等数据服务通过平台实现面向社会各领域的大规模商业化提供，降低使用门槛。

布局新产业

新实体经济的发展关键是要通过产业繁荣来体现，是农业、制造业和服务业转型升级的保障。

传统农业以"大规模生产、大批量流通和同质化消费"为特征，农业产品质量有待提高，农民收入需要提升。在消费升级、健康意识渐增的大背景下，消费者对农产品也有了更高要求。通过互联网，农产品可以销往全国乃至全球各地；以预售和众筹的电子商务方式，农业生产的投资门槛和经营风险下降；利用物联网、视频等新一代信息技术，农产品可以实现全程追溯、农产品与消费者建立直接联系，从而实现差异化、避免单纯价格竞争；互联网倒逼农业转型升级，为满足全国乃至全球标准，农民及农业企业会弥补"短板"，提升质量；农资提供方式改进上，产品交付也可直达农户，提供物美价廉的产品；农业触网，为农户带来采摘、乡村文化旅游等增值业务开发；互联网也已为精准扶贫提供了最佳实践。

互联网引发了消费端变革，制造企业获得了直接的消费者反馈，从而能提供符合市场需要的产品和创新，减少无效库存和资源浪费。"多品种、小批量、快反应"成为显著趋势，通过数据打通销售环节、生产环节和原材料环节，C2B方式的转型正在兴起。中国在依托电子商务平台的C2B领域（服装、家具、家电等）的成功实践，正在成为国际企业界、学界研究的焦点。

发展数据贯通、C2B引领的现代制造模式，众多中小企业将形成规模最为庞大的、分布式的柔性制造网络，托起21世纪中国制造新优势。借由跨境电子商务平台，打造质量过硬、价格合理的中国品牌，已经在发展中国家消费者中获得了拥护，从而占据了价值链条上的高端环节。线下产业带跃迁到线上产业带，从而得到了更多订单与合作关系。成功的制造企业将其工艺和管理流程以软件化方式输出，形成了"制造业的知识变现"，促进了整个产业的进步。

服务业在互联网的推动下，转变的速度最快，创新层出不穷。"互联网+"生活服务业，为大众提供了生活便利，形成了消费新习惯。在技术突破支撑下，电子商务与传统零售业深度融合，构成了"新零售"，满足了消费者场景化的需求，激发了新增消费，优化了零售商业布局，聚集了全渠道消费者需求，成为C2B生产模式的起点。社会化协作模式的现代物流，以数据、仓储和配送能力的共享满足了新实体经济高标准、重体验的需求。在线设计平台、技能众包平台、在线软件服务平台等生产服务业众包平台，打破了时空界限，最大限度地动员了全社会的人力资源，充分释放了知识对经济发展的促进作用。

利用新金融

新实体经济发展需要的金融，不是为满足自身收益最大化、游离于经济发展的特殊利益群体服务的，要充分发挥其赋能作用。应该以技术和数据为驱动力，以信用体系为基石，通过降低金融服务成本、提升金融服务效率，使所有社会阶层和群体平等地享有金融服务。

蓬勃发展的互联网小额贷款业务，填充了传统金融服务的空白，有力地支撑了小微企业的再生产诉求，激活了实体经济的细胞。大数据征信服务，减少了经济各部门经营的风险，为分享经济等增值服务的提供减少了障碍，构成了信用生成与利用的正反馈链条，有力地促进了全社会信用水平的提升。移动支付服务，降低了企业的交易成本，激发了新商业服务的创新。

依托互联网的新金融服务，与社会生产和人们的生活联系紧密，为所有消费者改善生活、所有企业寻求发展，提供了平等的机会和更低的门槛。

营造新环境

中国作为全球第二大经济体，实体经济的进一步增长不可避免地要靠创新驱动和创业促动。创新的出现，需要各领域知识充分交流和碰撞。创业的热潮，需要宽松的环境。互联网促成了生产、消费、服务各方间的高频度交流和协作，因而涌现出了更多创新，不论是电商平台上琳琅满目的商品，还是方便快捷的生活服务，还有提升效率的企业级服务等，都是这种作用的显现。

企业创新能力、创业热情的进一步释放，有赖于营商环境的精心营造。为了充分发挥互联网在创新、创业推动上的突出作用，在互联网领域，企业应能获得公平、公正的发展和竞争环境，同时也希望能进一步增强对小微企业的扶持力度和政策优惠。

第十
八章

数字经济下的创业创新

全球经济进入新格局之中，国家发展的驱动力和竞争力正在纷纷向"创新"这个核心能力倾斜。最近 20 年，全球最大的事件就是中国的崛起，而中国崛起背后最大的推动力之一就是中国互联网的崛起。正是互联网创新催生出了中国全民的互联网精神和创业精神，进而自下而上地呼应了改革和开放，成就了中国崛起。

客观地讲，互联网在中国大陆地区的应用已经走在了世界的前列，并且在很多方面开始引领全球的互联网发展和应用。段永朝先生曾指出，自从颇受关注的 KPCB《互联网趋势报告》在 2013 年提出"向中国学习"的口号之后，该年度报告中的"中国元素"已开始渐渐成为"中国专题"。然而，"互联网女皇"玛丽·米克提出"向中国学习"这个命题之后，并没有具体给出线索。

阿里研究院认为，互联网作为一种全新的基础性技术，在中国地区先后激发了三次大规模的创新创业浪潮，并且正在酝酿着新的第

四次浪潮：[1]

　　第一次浪潮——"商业化"

　　第二次浪潮——"生态化"

　　第三次浪潮——"互联网+"

　　正在酝酿的第四次浪潮——数字经济时代的"智慧化"创业浪潮。

数字经济：第四次创业浪潮

（一）第一次浪潮——"商业化"

　　1994年，中国引入互联网，邮电部正式向社会开放互联网接入业务，第一次互联网创业浪潮开始酝酿。随后，1995年网景公司（Netscape Communications Corporation）在美国的上市，引发众多创业者开始关注互联网创业。在这个互联网的起步时期，一方面，只有少数从美国能够接触到互联网技术或专业学习电子信息技术的人员，才能够较为深入了解"互联网"这一新生事物；另一方面，该阶段PC尚未实现普及，互联网在大众当中尚未形成概念，应用方面也只发展出了邮件、聊天等少数几种。此时，如何让互联网这样一种技术转变成为能够实现商业回报的产业，并让更多的人能够迅速地接触、了解和使用互联网，蕴含着巨大的机遇，也成为这一阶段互联网创新创业的主旋律。

　　2000年以前，"门户"网站大批出现，成为第一次浪潮的标志

---

[1]　崔瀚文，孟晔：《中国互联网创新创业的四次浪潮》，阿里研究院。

性的服务形态。早期的门户网站以人工编辑的方式为主，快速地推出了各类资讯和专题，第一次让网民们快速而直观地感受到了互联网带来的巨大便利和内容的丰富。其中，中华网（1999年7月上市）、新浪（2000年4月上市）、网易（2000年6月上市）、搜狐（2000年7月上市）等一批门户网站通过提供丰富的资讯和应用，实现了快速发展，成为中央级的新闻门户代表，同时它们的上市也推动了"中国概念股"这一概念的诞生。这个阶段，在门户网站的大力推动下，上网"冲浪"开始成为中国的一种新时尚，网络文化也开始成型，伊妹儿（e-mail）、猫（modem）、娇娃（Java）等新鲜的词汇开始涌现。

典型案例：新浪集团

新浪的前身四通利方信息技术有限公司是较早的按照硅谷模式架构的企业。1993年12月，四通集团投资500万港币，支持王志东等创立四通利方信息技术有限公司，借中关村附近万泉河小学的两间办公室，很快成为一家优秀的软件企业。

1996年，世界互联网蓬勃兴起，四通利方看准这个新兴的产业，在国内首先开办了"SRSNET"网站。1998年法国世界杯期间，四通利方的网站24小时报道世界杯，创中文访问量最高纪录，被法国官方站点指定为唯一的赛事中文站点。这个意外惊喜，成为四通利方探索未来业务的新起点。四通利方将"SRSNET"改版为"利方在线"，很快在国内首推"中文门户"概念。

1998年9月26日，王志东与海外最大华人网站"华渊资讯"总裁姜丰年碰撞出一个共同理念：创建全球最大的中文网站。随后，四通利方正式宣布并购华渊资讯，创立"新浪网"。

1999年3月26日，新浪网借鉴传统媒体的报道方式，结合了网络快速、互动的特点，吸引了大量网民。

2000 年 4 月 13 日，新浪在纳斯达克成功上市，新浪成为全球华人第一门户网站。中国一些互联网公司的上市情况如表 18-1 所示。

表 18-1 2008 年以前中国互联网公司上市情况

公司	类别	第一次公开发行（IPO）时间	发行价
中华网	门户	1999 年 7 月 13 日	20 美元
新浪	门户	2000 年 4 月 13 日	17 美元
网易	游戏	2000 年 6 月 30 日	3.875 美元
搜狐	门户	2000 年 7 月 12 日	16 美元
携程	旅行	2003 年 12 月 9 日	2.25 美元
慧聪	B2B	2003 年 12 月 16 日	1.09 美元
掌上灵通	SP	2004 年 3 月 4 日	19 美元
盛大	游戏	2004 年 5 月 14 日	11 美元
腾讯	IM	2004 年 6 月 1 日	3.7 美元
空中网	SP	2004 年 7 月 9 日	10 美元
TOM	SP	2004 年 8 月 4 日	—
51job	招聘	2004 年 9 月 29 日	14 美元
金融界	财经	2004 年 10 月 15 日	13 美元
艺龙	旅行	2004 年 10 月 28 日	13.5 美元
第九城市	游戏	2004 年 12 月 15 日	17 美元
酷 /6 华友世纪	SP	2005 年 2 月 4 日	10.25 美元
分众传媒	新媒体	2005 年 7 月 13 日	17 美元
百度	搜索引擎	2005 年 8 月 5 日	2.7 美元
完美时空	游戏	2007 年 7 月 26 日	16 美元
金山	游戏	2007 年 10 月 9 日	3.6 港元
巨人网络	游戏	2007 年 11 月 1 日	15.5 美元
阿里巴巴	B2B	2007 年 11 月 7 日	13.5 港元
A8	SP	2008 年 6 月 12 日	1.90 港元

数据来源：百度百科，"互联网公司上市词条"

随着以新浪为代表的"榜样"的上市成功，诸多细分领域、区域领域的门户网站创新创业快速涌现，例如"上海热线""武汉热线"等地方区域门户，旅行领域的"携程"、招聘领域的"51job"、财经领域的"金融界"、电子商务领域的"慧聪"等纵深化门户，以及以"百度"为代表的搜索引擎式门户成为新的创新创业方向，后来成长为行业领先者的阿里巴巴、腾讯、盛大、天涯等互联网公司也均是在这个阶段开始创立……与此同时，北京、上海、深圳成为了中国互联网创业的发源地和前沿地，很多创业者以及一些传统行业的从业者也都开始涌入互联网的创业大潮中来。

2000年前后，这次浪潮曾经历了一次短暂的全球互联网泡沫破灭，据webmergers统计，互联网泡沫破灭，令全球至少有4854家互联网公司被并购或者关门。不过，最后坚持下来的公司，到了今天都已经获得了巨大的发展。

第一次互联网创新创业浪潮的深入，推动了互联网上的需求升级和竞争加剧，因此网站的功能开始发展得越来越丰富、复杂，信息分类、社区论坛、个人博客、搜索系统、积分系统、商业交互等系统模块纷纷开始上线，逐渐开始进入生态化的第二次浪潮。

（二）第二次浪潮——"生态化"

第二次浪潮以"平台"的广泛应用的出现为标志，中国诞生出了以BAT（百度、阿里巴巴、腾讯）为代表的世界级互联网平台企业，并激发了以"网商"为代表的数以千万计的中小企业展开新的创新创业浪潮。

对比全球的互联网市值20年的变化，如表18-2所示，可以发现1995年的领先公司和2015年的领先公司有一个很大的不同。2015

年，一方面，市值最高的互联网公司基本上都变成了平台型公司；另一方面，优秀互联网公司的市值增长迅速，互联网行业相应地成为了全球成长最快的行业。

表 18-2　平台型互联网公司有显著的发展

1995 年 12 月				2015 年 5 月			
	公司	国家	市价（百万美元）		公司	国家	市价（百万美元）
1	Netscape	美国	5,415	1	Apple	美国	763,567
2	Apple	美国	3,918	2	Google	美国	373,437
3	Axel Springer	德国	2,317	3	阿里巴巴	中国	232,755
4	RentPath	美国	1,555	4	Facebook	美国	226,009
5	Web.com	美国	982	5	Amazon.com	美国	199,139
6	PSINet	美国	742	6	腾讯	中国	190,110
7	Netcom On-line	美国	399	7	eBay	美国	72,549
8	IAC/Interactive	美国	326	8	百度	中国	71,581
9	Copart	美国	325	9	Priceline.com	美国	62,645
10	Wavo Corporation	美国	203	10	Salesforce.com	美国	49,173
11	iStar Internet	加拿大	174	11	京东商城	中国	47,711
12	Firefox Communications	美国	158	12	Yahoo!	美国	40,808
13	storage Computer Corp.	美国	95	13	Netflix	美国	37,700
14	Live Microsystems	美国	86	14	Linkedin	美国	24,718
15	iLive	美国	87	15	Twitter	美国	23,965
前 15 家公司的市价总计 $16,752				前 15 家公司的市价总计 $2,415,867			

数据来源：Meeker,M.Internet Trends 2015 Code Conference.Glokalde.2015,1(3)

回顾平台型互联网公司的发展历程发现，每次在关键产品或技术在实现突破之后，平台型互联网公司往往能够利用领先优势快速扩大双边市场的客户数量。加之互联网产品几乎可以"零边际成本"扩张的特点，让竞争和对比变得简单直接，也容易实现优秀平台对市场的"天然主导"。因此，随着扩展的范围越来越大、服务的客户越来越多，平台逐渐成为新的商业基础设施。

新的基础设施带来了两个方面的深层次影响：一方面，平台提供丰富的工具、客户、服务，能够大幅降低新创企业的早期固定成本投入，让小企业起步的成本实现大幅的降低，例如义乌工商职业技术学院专程开设的创业班，培训学生入学时在淘宝上开网店，仅仅以500元人民币资金起步，经过数年努力，很多学生在毕业时，公司可取得年销售规模数千万元人民币的良好发展；另一方面，平台型市场能够大幅地降低市场交易费用，企业内外部的互动更加直接，企业与市场的边界越来越模糊，当市场交易成本低于企业内部交易成本时，大企业纷纷开始裂变为小企业，或纷纷开始鼓励企业内部创新创业。

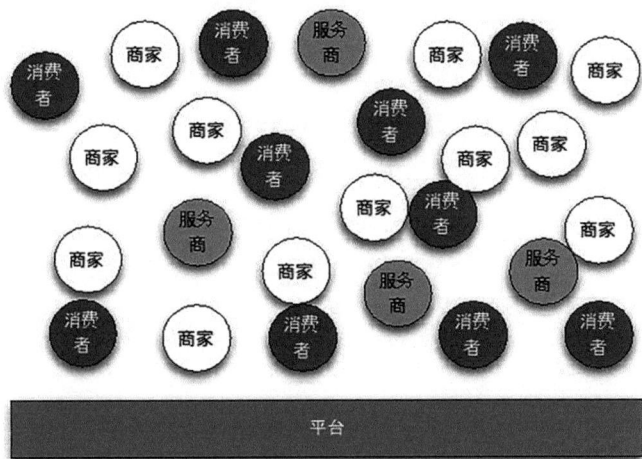

平台支持电子商务创新创业

新的商业基础设施的出现，也让原来的商业逻辑发生了巨大变化。平台提供的"标准化、模块化、API 化"的市场接入方式，快速形成了跨国界的新型大市场，让原来中国复杂的市场环境突然变得公开、透明，也为有创意、有干劲的企业家提供了绝佳的发展土壤 。互联网平台市场的出现，既能够加强企业间的竞争，也能够更好地激励创新、深化分工、提升企业的自由度。

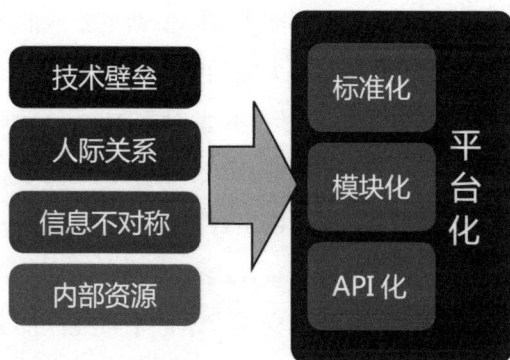

商业逻辑发生了深层次转变

典型案例：阿里巴巴生态

阿里巴巴目前就已经不仅仅是一个互联网产品的提供者，而同时也是承载着数以千万计的企业数量的一个大型生态体系。阿里巴巴通过开放数以百计的各类互联网平台，如商品发布平台、商业交易平台、客户服务平台，以及技术和数据开放平台等，为更多的企业赋能，帮助它们实现发展。同时，也在该商业生态的治理、规则的制定、环境的打造等方面不遗余力。

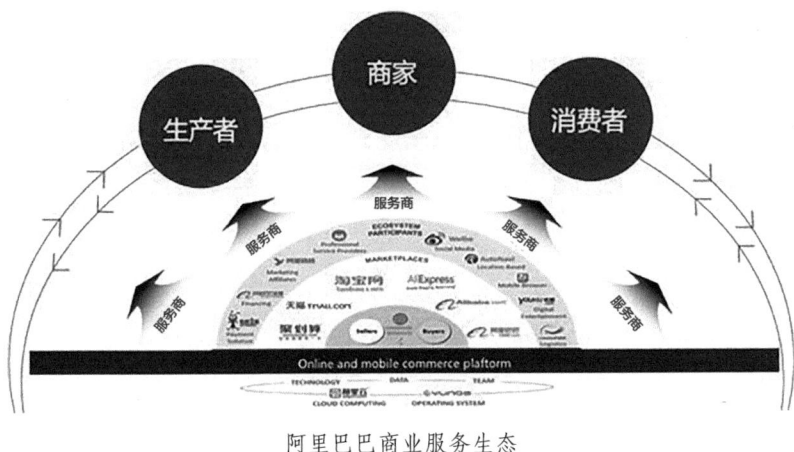

阿里巴巴商业服务生态

截至 2016 年 3 月，阿里巴巴中国零售平台上的年度活跃买家达 4.23 亿户，年度商品交易额（GMV）超越了 3 万亿元，每天在线的商品超过 10 亿件，每个月还要上架商品数亿件，并已在中国超过 14000 个村建立农村淘宝服务站。最近一年以来，淘宝里已新诞生了 500 多个原创的设计师服装品牌、上千个独立设计家居的品牌、6000 多个创客的项目、500 多个运动品牌的独立品牌、200 多个正在孵化的原创 IP 等。

在阿里巴巴生态中，很多企业抓住了平台赋予的能力，实现了创新创业的成功。2016 年 4 月 26 日，阿里巴巴集团旗下天猫平台成立"协助商家上市办公室"，帮助平台上的商家与券商、交易所以及与其他已经上市或即将上市的品牌电商企业之间搭建沟通桥梁。据不完全统计，天猫平台已经有逾 50 家企业在内部启动 IPO 计划。首批的 11 家企业全都是阿里巴巴平台上的商家，分别是三只松鼠、汇美、韩都衣舍、裂帛、茵曼、骆驼、御泥坊、韩后、十月妈咪、阿芙、小狗电器，它们中一部分是从淘宝、天猫诞生的互联网企业，一部分则是通过阿里焕发生机的传统企业。

"阿里巴巴协助商家上市办公室"首批协助上市企业

（三）第三次浪潮——"互联网＋"

2015 年，"互联网＋"出现在中国的政府工作报告正文中，很快成为街知巷闻的热词。随后颁布的一系列国家及地方"互联网＋"行动计划，更是掀起了全国范围的大规模实践。以此为标志，中国互联网时代的创新创业，迎来了第三次浪潮。

"互联网＋"的兴起依赖于信息技术取得的持续突破。2015 年10 月，美国股市传递出惊人的市场信号。由于云计算业务成长迅速，亚马逊、微软等公司股价飙升，而传统的 IT 公司股价呈现断崖式下跌。云计算已经走出了概念炒作阶段，以其低成本、高灵活性和强计算能力，支撑了各行业的创新创业企业，并持续释放出"通用技术"的巨大威力。中国国内以阿里云为代表的云计算服务企业，也获得了业界的普遍认可。

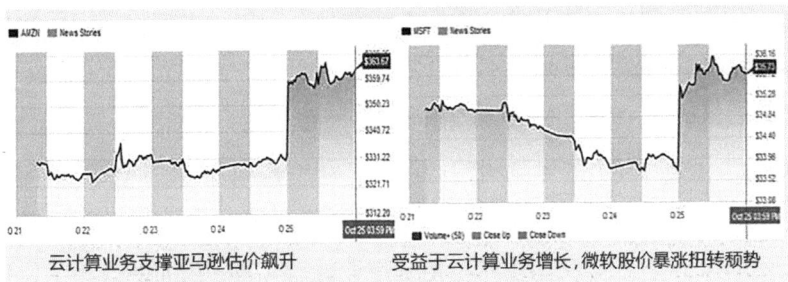

云计算业务支撑亚马逊估价飙升　　受益于云计算业务增长，微软股价暴涨扭转颓势

云计算业务获得业界认可

依托云计算平台，数据量日益膨胀。根据 IDC 报告，2010 年全球数据量突破泽字节（ZB）之后，以指数级态势继续成长，预计 2020 年将达到 44ZB。如此量级的数据，已成为生成新财富必需的生产要素。2020 年中国的数据量也将占据全球 18% 的份额，成为举足轻重的力量。

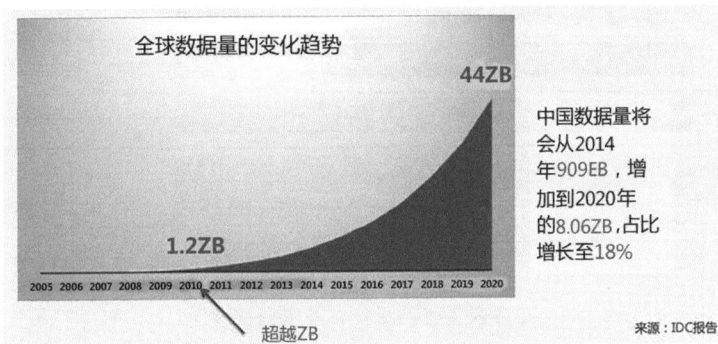

全球数据量的变化趋势

44ZB

1.2ZB

2005 2006 2007 2008 2009 2010 2011 2012 2013 2014 2015 2016 2017 2018 2019 2020

超越ZB

中国数据量将会从2014年909EB，增加到2020年的8.06ZB，占比增长至18%

来源：IDC报告

全球数据量呈现指数级增长态势

云计算、大数据技术的进展，激活了发展多年但成效不大的物联网产业，接入的设备数量增加，开发的应用显露实效。根据 IDC 报告，2020 年中国接入物联网的设备数将突破 54 亿件，届时全球每 5 个联网设备中就有一个是中国的。

"互联网+"是中国经济步入"新常态"后寻求增长动力的新选择。在单纯刺激需求端（消费、投资、出口）、只加大传统生产要素投入（劳动力、资本、资源）、依赖中国特色因素（扭曲生产要素价格、增加建设支出等）效果减弱的局面下，新增长动力将转向技术革命，当前即面向互联网的信息技术。在中国互联网企业已居于全球领先地位的基础上，实现互联网与传统产业融合（即"互联网+"），切实提高供给端的实力，兼顾需求端的成长，已成为顺理成章的选择。无论是在创新主体的培育、传统生产要素的有效投入、制度变革、结构优化，还是在生产要素的升级、存量的调整和增量的培育上，"互联网+"都可以发挥积极影响，从而推动供给侧结构性改革。

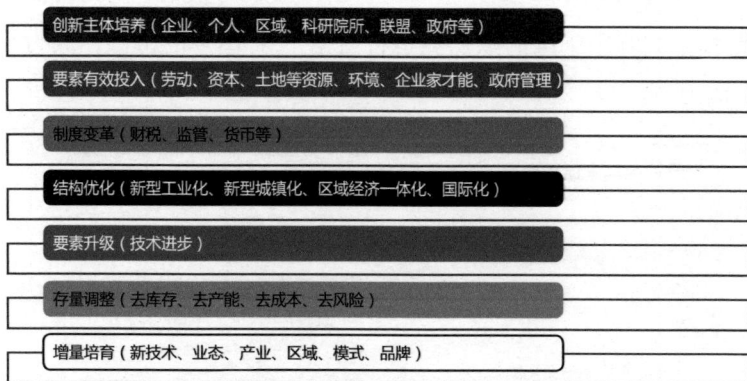

创新主体培养（企业、个人、区域、科研院所、联盟、政府等）

要素有效投入（劳动、资本、土地等资源、环境、企业家才能、政府管理）

制度变革（财税、监管、货币等）

结构优化（新型工业化、新型城镇化、区域经济一体化、国际化）

要素升级（技术进步）

存量调整（去库存、去产能、去成本、去风险）

增量培育（新技术、业态、产业、区域、模式、品牌）

"互联网+"促进供给侧结构性改革
（资料来源：李佐军教授的研究）

"互联网+"的路径体现为从消费端至生产、服务端的"逆向互联网化传导"。互联网经济的成功，有赖于对消费端体验的极端重视。以消费品为例，消费端的"个性化、小批量、多批次、快响应"的变化，直接传导到了生产端和原材料端，要求这些上游环节实现与消费端的"数据互通"和"灵活响应"。这也是我们在服装电子商务领域看到的，消费者多样化选择、成功的网络电商提供上万种款式、制造商在设备上小型化、原材料厂商按照需求进行生产的"CBMM"新模式。同样，服务业的变革也是如此。

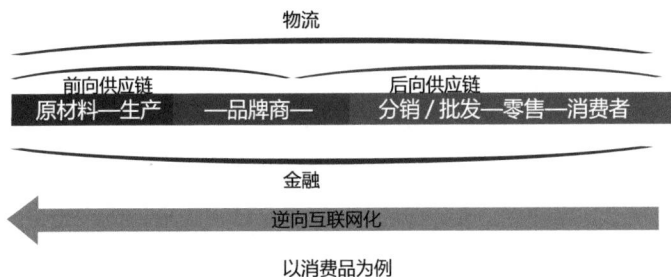

从消费端至生产、服务端的"逆向互联网化传导"

"互联网+"正加速推进着各行各业与互联网的深度融合。从媒体出版、广告营销和通信行业最早感受到互联网的冲击，到零售、交通、餐饮、旅游、教育行业的积极转变，再到批发、制造、金融、地产、餐饮和能源行业的逐步加入，互联网的吸引力日渐显著，这也成为人们投身创新、创业的新领地。

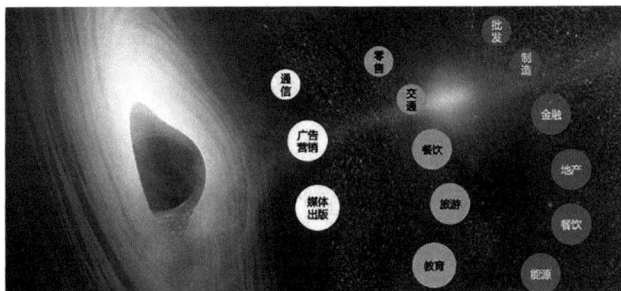

各行各业与互联网深度融合的趋势

"互联网+"浪潮下，一批高成长、高估值的"独角兽"企业成长起来，它们正在成为与 BAT 一样具有影响力的新领军者。如深耕智能终端制造的小米、魅族，现代化物流企业顺丰，互联网金融的实践者蚂蚁金服、陆金所，出行服务的滴滴，O2O 本地服务的 58 同城、饿了么等等，它们为创新创业者树立了良好的榜样。"互联网＋"创新企业，极大改善了传统农业、制造业和服务业的效率，基于协作创新创造了新商业模式，愈发显示出其巨大的经济、社会价值。各地政府部门主动通过众创空间、税收优惠、配套支撑等方式，为"互联网＋"创新创业提供了良好环境。平台企业以赋能为己任，为这一波浪潮提供了充足的动力。到 2020 年"互联网＋"必将在中国结出丰硕的果实，新一代的创业创新者也将在历史上留下他们浓墨重彩的一页。

（四）正在酝酿的第四次浪潮——"智慧化"

"互联网＋"热潮威力渐显，人们尚怀疑其发展极限，会不会出现"断点"。而"智慧化"技术和商业又再起风云，2025 年或许将迎来增长高峰。

"智慧化"技术再起波澜。《人工智能的未来》的作者库兹韦尔曾预言，按照目前的发展态势，2045 年人类将迎来"计算机智能超越人类智慧"的一个奇点。但大多数人仍是将信将疑，而这一局面却被"AlphaGo 与围棋世界冠军李世石的五局大战"撼动。据新浪科技报道，2016 年 3 月 15 日下午，谷歌围棋人工智能 AlphaGo 以 4 : 1 的总比分，结束了与韩国棋手李世石的最后一轮较量，AlphaGo 赢得胜利。AlphaGo 的创造者、DeepMind 的联合创始人德米斯·哈萨比斯表示，他下一步的工作目标是让 AlphaGo 不接受人类输入的特定知识也能做到自主学习。DeepMind 的应用范围也将扩展至智能手机助手、医疗健康和机器人等领域，其基本原理也能用于解决现实问题。

美国政府发布《为未来人工智能做好准备》和《美国国家人工智能研究与发展策略规划》，表达了对这一技术的战略性关注。尽管短期内人工智能可能被高估，但将视野扩展至 10 年的跨度，其带来的技术、商业、社会的变局仍不言而喻。

"智慧化"商业模式乍现。数据处理和分析技术不断进步，开采数据资源富矿的时机已经到来。我们不仅看到数据总量上的增长，更看到各类数据丰裕程度的提高。社交关系、语音、商品等数据资源持续产生，依托数据驱动的强大算法，透过在线化、移动化的产品界面，向人类提供智慧服务。商业不再是根据 BI（商业智能）得出的历史经验做趋势性的外推，而是根据动态数据自动地优化算法，用实时产生的智慧，更有效率、更低成本地满足用户的需求。蚂蚁金服的"秒级""自动化"网络小额贷款发放，是这种"智慧化"商业的明显例证。

"智慧化"商业模式乍现

"智慧化"经济的效用将因"共享经济"放大。"智慧化"的平台承载了大规模的需求和海量的用户，令今天备受关注的对私人盈余资源的"分享行为"（物品、服务、金融、时间、空间的分享），扩展到对公共资源、准公共资源（信息、金融、物流、商业、能源、制造基础设施）予以共享的"共享经济"，将深刻影响经济发展的全局。

通信基础设施、工农业基础设施、互联网平台、生产及生活服务体系、生产者／服务者／消费者／自由连接体（依托多种平台的自由工作者）等各层均卷入其中，提供了超越"所有权"的向其他各层次对服务、产品、才能、制度等的扩展性接入。Carliss Baldwin 和 Eric von Hippel 两人提出的模型揭示："模块化"和"互联网技术的广泛应用"，让企业发生成本中"设计成本"和"沟通成本"两部分显著降低，从而让经济从单纯依靠"生产者创新"，拓展至"用户创新"和"开放式协作创新"。"共享经济"将缓解自然资源约束问题，更将为降低创新门槛、形成协同效应大开方便之门。

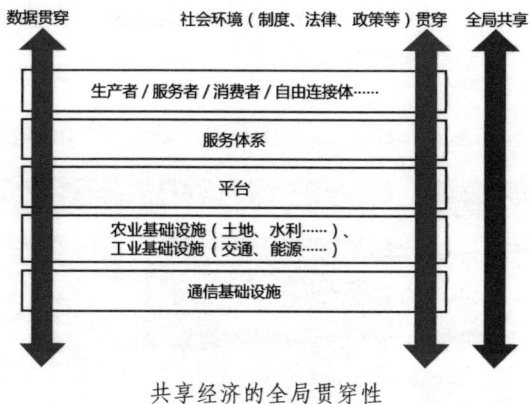

共享经济的全局贯穿性

"智慧化"经济更是"知本"超越"资本"、知识变现的新时代。继"盈利模式清晰"的在线广告、电子商务、网络游戏和 O2O 之后，知识服务领域的攻城略地又在拓展着新领域。从互联网早期的文献检索，到之后的在线百科、知识社区、技能众包、MOOC、读书众筹、技能分享、内容订阅、付费直播和有偿问答，知识变现的商业模式愈加成熟，渠道更为畅通，将极大激发经济成长的活力。

知识变现展开新图景

"智慧化"创新创业，依靠新人类。美国社会学家玛格丽特•米德在《文化与承诺》一书中，将时代划分为"前喻文化时代，并喻文化时代，后喻文化时代"。所谓的后喻文化，就是年轻人因为对新观念、新科技良好的接受能力而在许多方面都要胜过他们的前辈，年长者反而要向他们的晚辈学习。相对于1980年代之前的数字移民，1980年代后的"数字原住民"将获取更大的控制力，他们畅游智慧经济之海，是创业创新的中坚力量。

Marci Alboher 在其颇受关注的著作 *One Person/Multiple Careers* 提出了"斜杠青年"的概念，它指的是这样一个人群：他们不满足单一职业和身份的束缚，而是选择一种能够拥有多重职业和多重身份的多元生活。这些人在自我介绍中会用斜杠来区分，例如，张三，记者 /演员 /摄影师。斜杠青年的出现并非偶然，而是社会发展的必然现象，也是进步的体现。这种进步使人类摆脱"工业革命"带来的限制和束缚，释放天性。"斜杠青年"在"智慧化"经济的舞台上将游刃有余，已然成为这一时代的主角。

互联网时代第四次创新创业浪潮的画卷已经展开，必将为我们呈现焕然一新的局面。

案例："量子力学 + 药物化学 + 云计算"制药问鼎诸神之战全球创客大赛

2016 年的"阿里巴巴诸神之战全球创客大赛"在 2016 杭州·云栖大会的最后一天压轴落下帷幕，整整一天的赛事，现场始终座无虚席。最终，来自美国硅谷赛区的 XtalPi 团队夺得全球总冠军。这是一支由 MIT 量子力学的博士们组成的队伍。他们正在采用"量子力学 + 药物化学 + 大规模高性能云计算"的办法来大幅缩短药物研发周期，打破药物研发过程中的专利壁垒，提供合规的仿制药（类似疗效但无昂贵专利控制的药），去满足广大患者的低成本用药需求，项目核心计算量达上万核 CPU。

XtalPi 创始人温书豪在接受媒体的采访时表示："石墨和金刚石都是碳，但是内部分子的晶型排列不同，天壤之别。药企长期以来的痛点就是研发过程中要经历成千上万次试验，动辄好几年。而通过'量子力学 + 药物化学 + 大规模高性能云计算'的办法，几天甚至几个小时就能完成。"

阿里研究院认为，正如工业技术在英国发端，但工业经济的领先者是美国，当前种种迹象表明，网络技术在美国发明，但网络经济的领导者将会是中国。

企业家是互联网产业创新创业浪潮真正的主体。纵观中国互联网 20 年的发展历程，每当面对机遇的集合出现时，创业者们总是能够锐意进取、不断试错、生生不息地奋斗，紧紧地抓住市场与技术的机会，从而推动了中国大陆地区互联网创新创业迈入全球前列。

清华大学经管学院教授陈劲总结了互联网时代中国成功创业者所具备的 5 大特点。

第一，他们的领导力很强，一方面能够综合中外优势，另一方面还具有国际化思维。

第二，他们的创新能力很强，非常重视技术创新与制度创新结合，所有创新都是复合的创新。

第三，他们的合作竞争的意识特别强，共享思想非常好。

第四，他们的创业精神是持续不断的，能够不断改革自身，保持连续创业，而不局限于某一领域。

第五，他们的发展能够与社会经济发展的大脉搏紧密结合，懂得中国国情。

同样重要的是，通过多次创新创业浪潮的推动，中国在互联网上已逐渐建立、发展、完善出了一整套支撑互联网创新创业的新型商业服务体系，也搭建起了不同于传统产业的良好的创新创业文化环境。从全球视角来看，该互联网创新创业服务体系也有着相当的领先性：在这里，既有着宽容失败、鼓励冒险的创业文化和价值观，也有着草根创业与精英创业共同发展的协作精神；既有着技术创新与金融创新的良好互动，也能够率先利用新技术推进大规模的商业模式创新；既能够有效地发挥起科技大企业、互联网平台企业的"龙头"带动和服务作用，也能够有效地激发小微企业、传统产业、政府机构的创新热情、转型意愿、改革动能。

正在到来的创业机会

（一）健康

在未来几年，与健康，特别是中国中层消费水平的人的健康有关的创业的方向，是一个非常大的机会。为什么讲这个例子？当所谓的实体经济不再有未来的时候，"身体经济"会有未来，就是与人的身体有关的所有方面，包括健身、智能穿戴设备、医疗、手持血糖仪、24 小时的心脏监测等。数据的运用会越来越重要。

案例：跑步"蹭"保险

众安保险，有一个 50 人的 IP 队伍，2 ～ 3 个人做维护，剩下的都是产品经理。每次看它，都会有新的产品出来。例如，"步步保"这个产品，如果你每天带着它指定的手环跑 5000 步，当天 10 万元健康险的险保费就会免掉；如果每天跑 1.5 万步，对应的是 20 万元。整个设计体现了把智能手环、硬件、数据以及保险产品形成一个闭环的场景。

（二）虚拟现实

2017 年虚拟现实有一个小爆发，但是虚拟现实产业这一两年会死很多的企业，因为技术还不太成熟。今天虚拟现实的技术，相当于当年手机的"大哥大"。由于巨大的流量和资本的投入，虚拟现实的技术、内容迭代快，未来 2 ～ 3 年会变成完全健康的一个行业，价格低、体验好，内容又丰富，各种各样的行业都会进来。

（三）后移动化的体验创新

智能手机的时代已经过去了，目前只是同质化竞争，完全是一个红海，下一个游戏将在虚拟现实、增强现实里创造。不知大家注意到没有，苹果发布 iPhone 7，没有惊喜，因为智能手机已经到此为止了，它有演进跟迭代，但没有革命性的东西。

未来的智能硬件和软件是并用的，智能硬件有大量的机会。最近，阿里巴巴收购了一个机器人公司，也发布了机器人操作系统，这样就可以用在各行各业做很多事情，而且成本大幅降低。现在一些机场可能已经开始用人工智能机器人回答你在机场的各种问题。阿里与珠江钢琴有一个合作，生产一款智能钢琴，它可以教你弹曲子；如果你只会左手弹，它会模拟右手配合你；还可以通过 iPad 让老师跟孩子在线互动。阿里还跟美的合作发布了一个互联网冰箱，把人工智能 "2C" 的产品嵌入到冰箱里，冰箱里有好几个摄像头，可以自动扫描冰箱里面的食材，例如，鸡蛋是不是少了，需不需要补充，推荐给你晚上可以做什么菜。未来在各行各业都会有更多的机遇，但是今天大多数的智能产品的智能还很低。

（四）互联网 + 汽车 + 智慧交通

在 "互联网 +" 交通和汽车的行业，最大的机会就是无人驾驶。无人驾驶有很多法律风险，但实际上今天的难题，是人不守规则，车停在不应该停的地方。也许到 2030 年的时候，法律不允许人类驾车，因为人类驾车会干扰无人驾驶。我们今天想象一个自动驾驶汽车就是机器识别，识别出路线、转弯和行人，最新款的车辆有自动跟踪的功能，特斯拉刚刚发布上市一个全自动驾驶的套件。但是真正的问题还不是汽车的问题，要把汽车和交通信号灯、地磁、线圈所有的东西都统一考虑。其实，汽车学自动驾驶是很容易的，逻辑上讲，有一辆汽车知道怎么开车以后，全世界所有的汽车都能马上知道，因为所有路网的数据、红绿灯的数据、地方交通流量的数据，甚至多少公里之外那辆车在怎么开的数据等都会传递给这辆汽车。汽车自动驾驶时，先把城市里面最重要的信息，如所有的出入口、摄像头的信息进行识别、采集，然后告诉这辆车，不远处的某一个红绿灯会是怎样的，该怎么开。大家是从一个系统的角度来看，而不仅是考虑到车本身的驾驶。

（五）智能硬件生产

中国五年内肯定是全球最大的智能硬件生产国。未来服务、"互联网+"智能制造会在很多个垂直领域出现，会叠加在一个大的数据平台上，形成很多的数据。未来做智慧医疗、智能硬件等等，后面都会有云端数据提供支持。所以未来所有人的产品，都应该考虑"端"上。阿里的技术布局就是希望"云+端+数据"能够给大的客户提供智能产业升级。我们叠加、数据智能的全新体验模式，会改变制造业本身。制造业就不是以制造为主，而是以服务化为主。数据的领域，在物联网、虚拟现实、人工智能等方面，数据处理的能力非常重要，背后有很多层，包括数据的清理、收集，以及最后形成各种场景等。智能制造的过程、产品和智能服务，这是几个趋势。

智能化大的方向，是横竖叠加的，"互联网+"的"+"号是什么？一横就是移动互联网/物联网+云计算+大数据；垂直行业就是直接利用线上创业平台，在上面做一些新兴的互联网公司。现在中国创业公司里面50%都是与互联网平台有关的垂直行业线上化。

组织转型，还是创业化生存

从根本上讲，我不太相信"转型"这回事，转型的效率太低。过去两年阿里跟很多大企业、大型政府做了很多合作，也有一些不错的突破。马云认为：在下一个十年的互联网经济行为里面，更重要的是孵化出新的生态来。这些人在五年以后，逐步变成主流。今天中国的传统经济还是"路径依赖"的，新的经济缺少足够的供给，包括制度资源的供给。所以阿里是要把更多的资源放在创新创业的生态，推动更多的创业公司发展，尤其是科技类型。

创业会成为一种常态

根据调查，未来5～10年，"95后"有近50%是不就业的。

作为一家创业公司，可能的最大痛点，一是招不到好人，二是越来越多的年轻人几乎是无法管理的。这会是新经济形成过程中很大的难题。创业化，会成为一种常态。可能十年以后都是"斜杠青年"，举例说明，一个人既是 A 公司的设计顾问，又是 B 公司的导演，还是 C 公司的什么角色，他就是"斜杠青年"。美国现在有 5400 万人是跨工作、跨公司的。以后，这些人的组织形式会对目前的创业公司产生很大的冲击。因为五年以后，大的公司还是会有垄断规模，但是创业公司和更新兴的网络化的青年关系比较微妙，就像共享经济。所以我们未来面对的新一代人群逐步长大，可能管人和管理的难题会更难处理。需要一个比较新的视野和文化去看这件事情。

创业需要"极客"与"移民"精神

阿里巴巴集团副总裁负责阿里巴巴生态的创新中心孵化器，他注意到科技创业的这些企业缺人、缺技术、缺资源、缺流量，这是我们未来致力于去解决的。另外，我们去大多数的中国城市，除了北京、上海、广州、深圳、杭州这五个城市以外，大多数的地方创业基础缺少"思维状态"的积累。在一些二线城市，创业文化氛围不像北京、杭州、深圳这样有一种类似于硅谷的思维状态。美国 51% 的独角兽创企的创业者是外来移民，都有极客的精神。中国的二线城市创业者缺少极客精神和移民精神。

创意产品结合科技会是一个大的方向

"双创"聚焦到一些靠谱的，有公司和职业背景的团队当中，就是有机会。未来的创新创业之所以能够存在，从上一代的宏观经济学上讲是不合逻辑，因为会落入同质化的陷阱。核心问题是那么多人创业，创造了什么？谁来买？我们发现中国的创新创业，后来很有可能是一场多样化的泛文化生产，创造出个性化的产品给大家用。不是生活必需品，而是代表"意义"的产品，包括文化娱乐，与泛文化，泛智能的产品等。所以基于这样理念，对比美国、日本和欧洲等国家的消费形态，我们确实有巨大的潜力。这些创业者只有极少数依赖技术创业，大多数还是商业模式方面的创业。虽然有些人做得不好，但是它代表着未来方向。

空间是巨大的，但是这一拨智能产业、智能硬件里面，在设计理念和创意文化方面，中国是比较缺失的。英国是 1997 年由国家成立了专门的创意文化管理机构，专门解决创意文化的生态问题。今天英国已经变成了全世界创意阶层最强大的国家，这是有制度设计的。

双创生态：大平台、多模式、富生态

阿里巴巴跟富士康合作，在智能硬件和大数据这两个领域形成生态化集聚。在创新中心孵化器里走路 10 分钟，可以找到搞定软硬件设计、数据、场景等所有的东西的企业。入驻的企业大概 150 家，包括阿里的生态、富士康的生产能力、淘宝天猫流量等都能够在里面，所以在云栖小镇做一个智能硬件，基本上第一批产品出去十天就能够在淘宝上得到验证。

在创业创新教育方面，MBA 教育在逐步被创业教育替代。MBA 教育在十年前的鼎盛时期里，很多人都把它当作身份的象征。但，一个高管团队的人如果只会听话服从，这个公司也走不长远。阿里算是一个走得比较远的公司，强调文化价值观，并且在马云下面的每一层都有强大的领导梯队，所以公司能够走得远。我们现在也开始尝试创业大学，也走"玄奘之路"，在团队心智建设上补课。

阿里巴巴对科技创业公司也提供了创业大学的模式，而且把这个模式复制到了 28 个城市的 28 个孵化器。阿里巴巴在南京办了一个孵化器，只招收大数据方向的公司，进行专业化、主题化的培养。

第十九章

数字经济下的新人力资本

4 亿人数字经济就业

当前，人类正处于进入数字经济的快车道上。技术进步与社会经济、地缘政治和人口学因素，以及以互联网、云计算、大数据、物联网、人工智能等为代表的数字技术，将给就业生态带来革命性改变。波士顿咨询《迈向 2035：4 亿数字经济就业的未来》报告预测，2035 年中国整体数字经济规模接近 16 万亿美元，数字经济渗透率 48%，总就业容量达 4.15 亿人。与此同时，很多旧产业的岗位将会被淘汰，伴随而来的是新产业职位、工作的涌现。大部分产业中，不管是新职位还是旧职位，这些改革都会改变职位所需的技术，并转变人们的工作地点与方式，进而催生出新的管理挑战和监管挑战。

在这一转变面前，今天和未来的市场主体——企业、个人和提供公共服务的政府应该如何来应对？什么样的人力资本将是数字经济最需要的？这些问题值得我们思考。

回顾20世纪，工业化、创新和技术进步创造了前所未有的财富，大幅改善了人们的生活质量，同时就业也在不断演变：穿衣吃饭这类基本生产所需的人力减少了。当前面临的情形是：经济增速放缓，收入分化加剧，失业或就业不充分的劳动者总数上升，高技能劳动者供应在日益增长的需求面前显得捉襟见肘。

相关机构预测：中国目前55%～77%的就业，未来会由于技能含量低而被技术取代，因此，掌握综合化的不易被数字技术所取代的技能及素质的就业者，将享有更广泛的职业发展空间。我国就业观亟待从"工业思维"向"数字思维"转变，从而支撑国家"创新驱动"战略落地。

前文已经多次提到，数字经济将带来组织形式的大变革，"平台＋多元应用"结构（或大平台＋小前端），在不同企业中得以碎片化呈现，即不同程度的"后台标准化、统一化、模块化"与不同程度的"前台个性化"之间的组合。平台在这一体系中扮演了基础服务商、资源调度者的角色，如淘宝网向平台上的商家所提供的"信用体系、用户体系、商品体系、交易流程、计算能力、服务标准"等服务。而垂直市场、垂直应用或企业内部的前端员工与团队，则创造了灵活多样的产品和服务。这在很大程度上是因为平台集成了技术模块或封装了商业流程模块，使得平台之上的协作得以简化。"大平台＋小前端"的体系运转，呈现出很强的灵活性，小前端走向小微化，乃至个人化，让无数具有"工匠精神"的人，其创意、创造、创新能力得到充分施展。

（一）就业方式弹性化

平台型经济体的发展，也将使得雇佣方式变得更加弹性化。

数字经济下，企业面临的竞争环境愈发激烈，市场需求出现个性化、多样化的趋势，这就要求企业组织必须以柔性化的结构来应对当前的动态环境，尤其是要改变人力资源管理模式，发展出弹性人力资源雇佣模式。这一模式的内涵可总结为工作地点弹性化、工作时间弹性化、工作内容弹性化、雇佣期限弹性化等四个方面。弹性化的雇佣模式有利于雇员灵活安排个人时间、有利于组织根据客观环境灵活调整人力资源策略，也有利于促进就业，为社会经济带来积极影响。

阿里巴巴副总裁刘松希望培养更多的数据人才。大数据最后的难题是没有既懂行业又懂信息技术的人。大数据的难度高于应用开发，因为研究大数据要懂业务、懂技术，还要有创新能力。目前中国大数据如果有瓶颈的话，那就是大数据人才的瓶颈，未来5年，中国大数据领域会有100万的人才缺口。随着数字经济的发展，不同领域、不同行业的就业也会随之变动。这一变动过程是历史上历次重大技术进步都发生过的。在数字经济时代，数字技术对就业生态有"新增、强化"及"弱化、消失"的二元影响，总体上是激活效应大于削减效应。

（二）就业边界扩大化

数字经济的发展，也使得就业边界扩大，全球化就业将越来越多。

产业升级成为常态，就业边界不断扩大。机器能力的持续强化使人类的部分体力、脑力负荷得以解放，也伴随着落后产业和就业机会的淘汰和消亡。然而，劳动者又总能在新的产业领域实现价值，劳动及就业的内涵、边界也随之延展。

机器智能化及平台就业使就业者的身体素质、所处地域不再构成制约，不论是身处偏远地区的个人还是小型化组织都将无差别地获得全球性的工作机会。例如Upwork、猪八戒网等自由就业平台使远程工作成为可能，并帮助发展中国家低成本技能劳动力获得来自发达国家的工作任务，由此将带来全球化的广泛协同和对劳动者的一视同仁。

未来的新型就业

随着大数据、云计算和人工智能的快速发展，预计到 2036 年，人们将告别八小时工作制，告别公司。50% 的劳动力通过网络自我雇佣和自由就业，60% 制造业领域的重复、枯燥、繁重劳动，将被人工智能机器人取代。

取而代之的就业模式是从 8 小时工作制到自由连接体。

在工业经济时代，工作、生活、学习相互割裂，个体无法柔性安排工作与生活，较为严格地遵守八小时工作制。在数字时代，就业模式转变为自由连接体——越来越多的个体都成为知识工作者，人人都是某个领域的专家。这让个体的潜能得到极大释放，每个人的特长都可以方便地在市场上"兑现"，逐渐呈现出了自由连接体的新形态。同时，个体的工作与生活也将更加柔性化。工作、生活、学习一体化的 SOHO 式工作、弹性工作等新形态将更为普遍。当然，"人人都是专家""人人也都必须成为专家"，这既意味着某一能力的优异，也意味着要像专家那样"每个人都是自己的 CEO"——自我驱动、自我监督、自我管理、自我提升。

如果放眼更长远的未来，"个体作为经济主体的崛起"，更是一个宏大历史进程的一部分。如中国社科院金融所周子衡认为："公司将不再是经济活动的主体，个人将成为经济的主体。公司理性最终要被个人理性所解构与替代。这是近两个世纪以来经济矛盾的根本所在。就是说，经济问题的中心，将不再是所谓的市场与政府的关系掩盖下的企业与政府的关系，而是个人与个人的关系。"

弗里德曼在《世界是平的》一书中也认为："如果说全球化 1.0 版本的主要动力是国家，全球化 2.0 的主要动力是公司，那么全球化

3.0 的独特动力就是个人在全球范围内的合作与竞争……全世界的人们马上开始觉醒，意识到他们拥有了前所未有的力量，可以作为个体走向全球；他们要与这个地球上其他的个人进行竞争，同时有更多的机会与之进行合作。"

月薪/人民币元

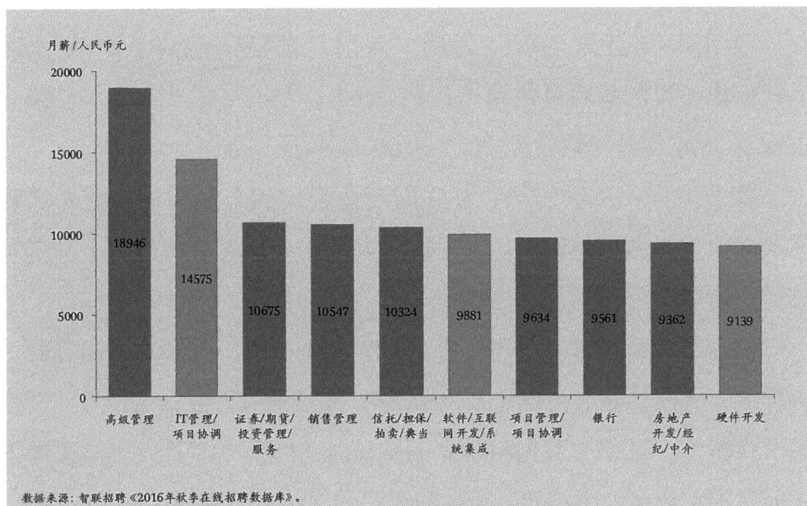

数据来源：智联招聘《2016年秋季在线招聘数据库》。

数字技术类职业占十大高薪职业的三席

从大数据专业到开环大学

2017 年 3 月，在教育部公布的高校新增专业名单中，有 32 所高校成为第二批成功申请"数据科学与大数据技术"本科新专业的高校，加上第一批的 3 所，共有 35 所获批。站在互联网"风口"上的大数据，直接催热了大学里的大数据专业。

从两次获批的"数据科学与大数据技术"专业名单中可以看出，该专业学制都为四年，授予工学学位或理学学位。第一批成功申请该专业的高校共有 3 所，为北京大学、对外经济贸易大学及中南大学，于 2016 年 2 月获得教育部批准。

大数据领域有三个大的技术方向：① Hadoop 大数据开发方向；②数据挖掘、数据分析和机器学习方向；③大数据运维和云计算方向。这三个方向中，大数据开发是基础。

以 Hadoop 开发工程师为例，入门月薪已经达到了 8000 元以上，工作 1 年的月薪可达到 1.2 万元以上，具有 2 ～ 3 年工作经验的 Hadoop 人才年薪可以达到 30 万～ 50 万元。

就业方向：从国防部、互联网创业公司到金融机构，到处需要大数据项目来做创新驱动。一般需要大数据处理的公司基本上都是大公司，所以学习大数据专业也是进大公司的捷径。

全球顶尖管理咨询公司麦肯锡（McKinsey）2017 年 8 月出具的一份详细分析报告显示，预计到 2018 年，大数据或者数据工作者的岗位需求将激增，其中大数据科学家的缺口在 14 万～ 19 万人，对于懂得如何利用大数据做决策的分析师和经理的岗位缺口则将达到 150 万！

与中国高校增加数字经济相关专业不同，国外顶级高校已经从根本上推动高等教育的变革。

斯坦福大学推出的开环大学（Open-loop University）计划，就是这方面的典型代表。

该计划没有入学年龄的限制，不满 17 岁的天才少年、进入职场的中年人、退休后的老人都可以入学。这是区别于传统闭环大学（18 ～ 22 岁入学，并完成四年内本科学业）的最主要一点。另外的特色是延长学习时间，由以往连续的四年延长到一生中任意加起来的六年，可以自由安排时间。

开环大学中的学生很有可能是处于各个年龄段以及从事不同工

作的一群人，他们可能是天真的孩子，也可能是富有经验的长者。因此，开环大学形成了独特的混合学生校园，打破了年龄结构。学生之间更容易建立起合作、强劲与持久的社会网络。

学生的成绩单也不再是一张回顾性的"大数据"记录——花了多少时间在哪个知识点上，而是一个实时、动态的"竞争力状态"清单，展示学生正在学习什么、学会了什么、技能处于什么层级……通过这种独特的、展现"当下技能值"的方式，学生更有可能找到心仪的雇主；雇主借助这样的能力数据，也能更精准地遴选出与企业需求相匹配的候选人。①

如何培养数字人才

（一）政府

一是从源头上改革现行大学及职业教育体系，提升高校人才和技能型蓝领的数字化应用等专业技能，如鼓励大学与企业合作办学实施数字技术培训、优化数字技术类课程在通识课程中所占的比例、对尖端技术人才培养予以重点扶持等。

二是针对数字时代的创新创业热潮，需要政府部门建立更完善的配套扶持体系，尤其是在融资、准入门槛方面提供支持，如提供低息创业贷款、为社会创业孵化中心、小微企业提供税收减免等，逐步建立一套与数字经济发展相适应的税收体系。

三是构建数字化社会治理体系和数字化信用体系，为就业者和

---

① 来源：世界教育信息微信公众号。

服务对象营造简单透明、安全可信的平台生态。

四是针对越来越多的网络灵活就业人员，需要考虑在社会保障体系、养老医疗、税收缴纳上进行相应的制度设计、服务创新，让这部分人群在为社会创造价值的同时，享受相应的社会福利及保障。

在为数字经济培养人才方面，中国政府已经采取了众多措施，包括在大学增设相关专业等。比如2016年2月，教育部公布新增专业"数据科学与大数据技术"专业。我国已有35所高校获批该专业。

（二）企业

第一，企业需要审视数字化人才缺口，提升存量人才能力，帮助他们快速适应数字化转型的挑战（尤其是高管与数字化后备力量），如提供启发思维转型的浸入式培养项目，为年轻人才设计快速晋升通道等。

第二，企业需要重塑与人才的关系，更新数字时代的雇主价值内涵，强化对内外人才的吸引力，如为数字化人才营造适于发展的"亚生态"，基于"90后""95后"的个性偏好优化管理方式等。

第三，企业需要积极整合数字时代多样化的人才获取渠道，提高人力资本利用效益，如打造内外部开放的就业和创业平台，为生态内的灵活就业人才积极赋能等。

企业是数字人才的需求方，也是极其重要的培养主体。

在培养数字经济相关人才方面，我们不妨看看阿里巴巴的实践，便于相关企业借鉴。从2014年国家提出发展"经济新常态"，鼓励创业创新，到2015年国家提出"互联网+"行动，阿里一直在基于互联网、云计算、大数据方向，整合阿里内部的优势资源和外部资源对于创新和创业进行大力扶持。阿里的"创客+"计划、"百川计划"

以及"天池"数据大赛，已经面向政府、企业和社会孵化和培养了上百家创新创业基地，上千家创业公司，近十万名创业者。通过本项目的大数据开放平台，实现政府和社会数据的共享和开放，将会有更多的大数据公司基于该平台进行数据解决方案的创新和创业，更多的创业者基于开放数据进行创新的研发，更多的大学院校参与大数据的研究和协作，更多的企业通过该平台获取到有价值的数据指导生产、销售，更多的市民参与大数据服务的互动。最终通过大数据平台催生更为丰富和广泛的新生态。

2011 年 10 月，浙江省首个云计算产业园——杭州云计算产业园在西湖区转塘科技经济园区挂牌，成为云计算产业第一个专业性园区。如今，已有 115 家云产业公司入驻，包括阿里云、华通云、威锋网等。虽然园区目前只处于初级发展阶段，但以云计算为科技核心，通过 3 ~ 5 年时间的努力，打造成中国首个云计算产业生态小镇，是云栖小镇的目标。

云栖小镇联盟，是对中国发展好下一个二十年的计算产业有想法的公司和开发者的联盟。联盟里既有 3 万人的大公司也有 3 个人的创业团队，他们笃信云计算将改变世界，志同道合地推动云计算产业在中国做起来。

基于云栖小镇，阿里云和富士康在 2015 年发布"淘富成真"项目，为智能硬件创业者赋能。该项目开放富士康世界级的设计、研发、专利、供应链、智造等能力，阿里云的云计算平台和大数据处理能力，阿里电商天猫淘宝的平台能力，同时引入银杏谷资本、云锋基金、猪八戒网、洛可可等企业为创业者提供全链路创新创业服务，目的是帮助中小智能硬件的创业者迅速对标国际一流品质，做出优秀的智能产品。

目前阿里云正在将云栖小镇模式在全国范围内进行推广和复制，

在全国建设 100 家创业创新基地，支持中国"双创"的发展。

发展云计算和大数据离不开人才培养。为此阿里云开发了完整的云计算和大数据课程体系，并通过合作伙伴赋能的方式，让更多的合作伙伴和创业者具备进行云计算和大数据培训的能力。

云计算和大数据国家战略新兴产业发展的基础在于人才储备和培养，阿里云作为行业云计算和大数据产业的领军企业，持续为整个中国云计算 / 大数据产业培养和储备后备人才，推动以人才红利带动产业快速发展。截至 2015 年年底，国内清华大学、浙江大学、东南大学、西安交通大学、华南理工大学等 50 多所综合性大学加入了阿里云 AUCP 大学合作计划，双方在云计算 / 大数据专业建设、高校云计算 / 大数据教师培养、基于大数据的科研以及大学生创新创业等领域结出丰硕的成果。20 门云计算 / 大数据的核心专业课程、50 门大学生创新创业课程、20 门阿里互联网企业文化课程已经在开发并陆续发布，并在 AUCP 大学合作计划的院校开始开展专业共建联合教学和阿里大咖讲座分享，3 年内接受阿里云课程培训的学生超过 10000 人，90% 的学生进入了整个云计算 / 大数据产业链生态企业。阿里巴巴近 3 年来与 100 多家高校合作开展大学生天池大数据竞赛，参赛的学生超过了 5000 人次，极大地激发了学生对于云计算 / 大数据产业的兴趣，推动整个中国大数据产业文化的形成。阿里云在云计算 / 大数据人才培养和输送上的投入，有效地支持了产业发展的高技能的人才需求。

（三）个人

第一，数字时代机器智能对人的可替代能力大大增强，对人才一技之长（尤其是数字化技能）和人际沟通、创造力、灵活性、快速学习等素质提出了更高的要求，复合型的跨界技能储备也将更具优势。

第二，数字时代需要人才具备求同存异的开放性，更积极地参与跨团队、跨组织甚至是跨平台虚拟化的协作。

第三，多元化的就业方式一方面提供了更个性化的选择，另一方面也需要就业者提高自我管理和监督的契约精神、自我驱动和激励的主观能动性，只有这样，才能在享受"斜杠青年"赋予的独立、自主、有趣生活的同时，实现个人价值，丰富人生内涵。[①]

第四，在组织的连接下，人才趋于自聚合。连接是数字时代最显著的属性，它缩短了客户与组织、个人的距离，同样也需要作用于数字时代下个人、团队与组织的互动关系中。

---

① 郝建彬（阿里研究院就业研究负责人、北京交通大学兼职教授）：《新就业成为"十三五"就业增长极》。

第二十章

数字经济下的社会治理

数字经济改变社会治理方式

"随着互联网，特别是移动互联网的发展，社会治理的模式正在从单向管理向双向互动，从线下转向线上线下融合，从单纯的政府监管向更加注重社会协同治理转变。"这句话反映了未来数字经济治理的大方向，即所谓的三个转变。

数字经济的发展，对于社会治理提出了新的挑战。数字经济诞生的平台经济体，在两个方面改变传统社会的经济结构。

首先，在所有制方面，数字经济下，平台经济体的规模巨大，但并不拥有平台上商品和服务的所有权。例如，阿里巴巴是世界最大的电商平台，但不拥有商品和售货员；滴滴出行是世界最大的出行服务平台，但不拥有车辆和驾驶员；Airbnb 是世界最大的住宿平台，但不拥有旅店和服务员。其中，"平台经济"是基础，"分享经济"是实质，"微经济"是土壤，三者紧密联系，构成数字经济的基本形态。

其次，随着数字经济的发展，平台成为最有活力的新组织。这使得数字经济形成了"去中心化""去中介化""去金字塔式"的生产结构。在工业化时代，生产结构是"金字塔"形的，是以科层制进行组织的。而在数字经济时代，生产结构是扁平化的，例如，微博、微信和 BBS 改变了传统由通信社、报社、杂志社、读者构成的新闻生产"金字塔"结构，如今人人都是记者、人人都能发布信息；电商特别是淘宝的诞生，改变了由生产商、地区经销商、城市经销商、零售店、消费者构成的传统"金字塔"结构，逐步消灭了商品流通的中间环节。[1]

数字经济治理的原则 [2]

数字经济为什么要谈治理问题？治理的出发点和原则是什么？

（一）促进创新的原则

数字经济是创新经济，没有创新，就没有数字经济。在线购物、普惠金融、云计算、无人驾驶等，无一不是创新的成果。创新是数字经济最重要的特征。创新带来了经济繁荣，创新提高了社会福利。未来，数字经济要进一步发展深化，必须依靠创新。

公开报道显示，对于新业态、新模式必须探索"包容审慎监管"：对看得准的要量身定制监管模式，不削足适履；对一时看不准的先观

---

[1] 参考李建华：《新经济呼唤新治理》，《行政管理改革》，2016年，第9期。
[2] 参考杨健（阿里研究院副院长）：《对数字经济治理的几点思考》，信息社会50人论坛2016年会暨"新经济·新治理"研讨会，北京，2016年12月27日。

察，不要一上来就管死；对潜在风险很大的，要严加监管果断出手；对非法经营的要坚决取缔。

（二）主体公平的原则

小微企业、年轻人、妇女、普通个体，甚至残疾人，都应该享受到和大企业、其他人同样的待遇。数字经济为实现更为普遍的公平提供了条件，为长尾人群获得优质服务提供了可能。数字经济能够充分为小微企业、个人参与经济活动赋能。例如，普惠金融使年轻人、小微企业获得平等的金融服务；云计算使个人、小微企业获得平等的IT基础能力服务；eWTP为个人"买全球"提供了通道；"新制造"能够满足个性化定制需求。

（三）技术中立的原则

平台是数字经济2.0的主要载体。平台责任划分不但关系着平台这种组织形式的发展，更关系着数字经济2.0的发展。平台既可用于正当交易，也可被非法利用。在海量信息、海量交易情况下，平台所有者无法甄别所有信息或交易是否合法。如果对平台施加连带责任，平台将无法承受。为促进平台这一新"物种"的生存和发展，应坚持技术中立原则。

（四）福利最大化原则

数字经济的发展，带来新与旧、先进与落后、发展与保守的对立与摩擦，如大数据带来个人数据分享和保护的矛盾，跨境电商带来个人国际贸易与传统国际贸易的矛盾，自动驾驶带来与传统交规、责任认定等方面的矛盾。在处理这些权利冲突、监管困境时，不应片面保护某一方的权利、利益，而应考虑社会总成本、总福利，应使社会福利一定的时候社会总成本最小化，社会成本一定的时候社会总福利最大化。

重点挑战

数字经济在自然人主体、数据、税收、反垄断、信用、知识产权等方面面临挑战，在这些领域，既有权利的冲突，也有监管的困境，因此是数字经济治理的挑战。

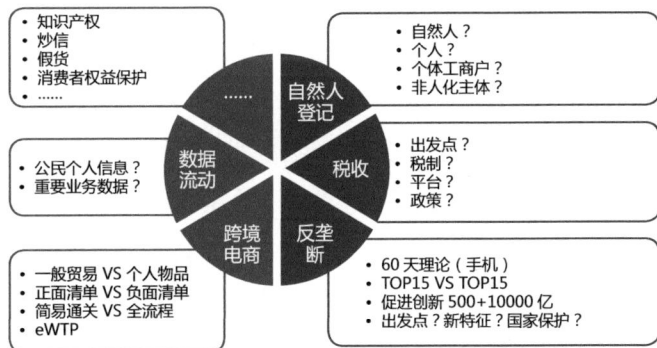

数字经济所面临的挑战

（一）自然人的权利

数字经济提供了以前所不具备的技术手段，如大数据、新的信用体系以及监管手段的改变，为商业活动准入门槛的降低创造了条件，自然人因此可以获得以前所不能具有的权利。首先，自然人获得开网店的权利；其次，自然人获得国际贸易的权利。自然人在商事活动中获得的这两项基本权利，需要目前的工商和国际贸易管理方式、国际贸易规则等与之相适应。

（二）数据

数据是新生产资料，是数字经济的新能源。大数据是智慧商业、智慧医疗、智慧交通、智慧政府、智能制造等一切智能的基础。没有大数据，数字经济将缺乏动力。数据产生、收集、存储、加工、使用于不同的主体，既有个人、企业，也有政府。数据只有被充分利用，才能发挥其价值，才能为个人、企业、社会带来福利。在明确数据权属的基础上，促进数据在不同主体之间充分分享，是数字经济的内在要求。

（三）税收

在税收领域，相对于传统商业形式创造的财富而言，数字经济在交易体量、从业者数量、网络渗透率等方面，均处于从属地位。在这个阶段，一方面应给予扶持性的政策，推动其快速发展，另一方面要尽量避免在游戏规则上设定等同的起跑线。在税制设计和税收征管上，应做到扩大税基、实质公平、简单透明、促进遵从，逐步转向以所得税和消费税为主体的符合数字经济发展的税制。

（四）反垄断

在反垄断领域，由于数字经济快速创新的特点，相关市场、市场支配地位等都具有暂时性和不稳定性。数字经济的动态性特征使现行反垄断规则受到很大冲击。同时，平台是数字经济的重要组织形式，平台具有外部网络性特征，规模越大越具有社会价值，在一定程度上具有自然垄断趋势，因此对平台的反垄断政策应有别于传统工业经济。

（五）信用

信用是数字经济的灵魂，没有新型的信用体系，数字经济 2.0 就无法发展起来。用更多元化的数据、覆盖更海量的各类主体、提供与每一主体信用相匹配的精准服务，正在成为大数据时代信用发展的现实。在此进程中，信用治理应特别注意两大问题：一是严格区分作为软约束的信用惩戒和作为硬约束的行政处罚的边界，避免以失信惩戒之名，行行政处罚之实；二是多方协同共治，严厉打击炒信等灰黑产业链，促进产业健康发展。

（六）知识产权

在知识产权领域，数字经济构建了全国乃至全球统一的大市场，商品种类多，数量大，创新迭出。这使得著作权、商标权、专利权权利人依传统渠道的管理方式面临"失灵"，且在特定地域内的特定阶段凸显出许多特定的历史问题。因此要特别注重网规，特别是大数据和协同合作的治理方式，呼吁各利益相关方各司其责。

（七）跨国数据流问题

还有数据流的问题。2016 年 6 月，欧盟和美国之间达成了协议，突出了对个人信息的保护，突出了信息控制者的义务，尤其是在互联网公司引用数据或者掌控数据的时候。美国政府背后背书，这是所谓美国和欧洲之间关于跨境数据流动形成的协议。国内很多互联网公司也在思考，中国的互联网企业最终肯定要走向全球，走向全球过程中就将涉及中美之间、中欧之间的数据跨境流动，应该以一种什么样的姿态去做，这也是值得思考的。

数字经济时代，数据的共性、网络的整体性以及全球的可进入性让数据主权成为各国对数据及相关技术、基础设施等进行治理的前提和基础。

全球著名隐私保护认证公司 TRUSTe 的统计数据表明，88% 的消费者担心其个人信息在网上遭到泄露和滥用。数据是个人的，企业的，还是公共的抑或是国家的？——这个问题在理论层面上依然处于有争议的阶段。目前，针对跨境个人隐私保护的规则主要包括《欧盟数据保护指令》《OECD 隐私指南》以及《APEC 隐私框架》。在美方推动下，APEC 下的 CBPRs 也成为目前全球范围内有关跨境数据流动与隐私保护的最新规则。这一规则也值得中国借鉴。如表 20-1 所示。

表 20-1 APEC 下的 CBPRs

Preventing Harm	避免伤害
Notice	通知
Collection Limitation	收集限制
Uses of Personal Information	个人信息的使用
Choice	选择性原则
Integrity of Personal Information	个人信息的完整性
Security Safeguards	安全保障
Access and Correction	查询及更正
Accountability	问责制

治理方式选择

在数字经济社会中，应该采取什么治理方式？数字经济是一种生态系统，要治理数字经济应该有协同治理的大理念，政府、平台、企业、用户、消费者都是经济系统的参与方，应该形成一种"去中心化"的、多利益相关方共同参与的治理机制，这可以称为协同治理机制。

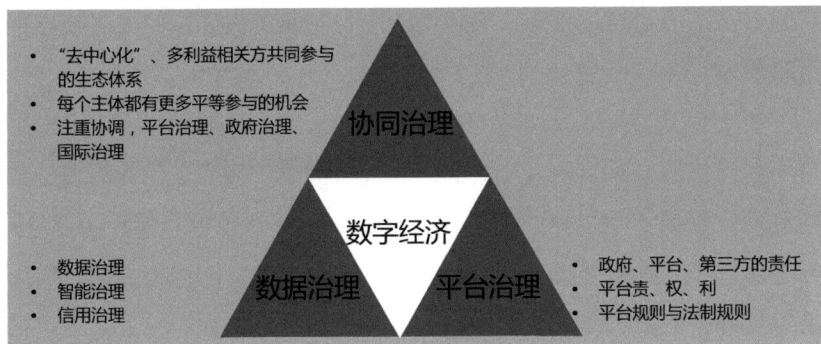

数字经济社会的治理方式

"去中心化"、多利益相关方共同参与的生态体系；每个主体都有更多平等参与的机会；注重协调，平台治理、政府治理、国际治理 — 协同治理

数据治理：数据治理、智能治理、信用治理

平台治理：政府、平台、第三方的责任；平台责、权、利；平台规则与法制规则

数字经济

（一）多元主体协同治理

数字经济是一个去中心化、多元参与的生态化文明，每个主体都有更多平等参与的机会，协同治理是其核心。传统的集中单向、侧重控制的封闭式管理将无法适应新经济发展，多元参与、侧重协调的生态式治理是时代的要求。

协同治理机制也意味着治理的主体从"一元"到"多元"，实现治理主体的转变，需要激发多元主体的活力。一方面，数字经济的发展导致社会需求多样、变化加速，新事物、新模式、新问题不断涌现，不同类型的主体有不同特点和不同擅长，实现社会治理主体的多元化，可有效提高整个社会的效率。另一方面，在进入新的发展时期后，公民维权意识明显上升，各种挑战时有出现，多元主体共同治理有利于避免社会治理危机，是坚持稳定发展底线的重要体现。

传统经济或者说工业经济时代所说的平台，究竟应该担当起什么样的角色，担当起什么样的责任，拥有一种什么权力？现在的界定还不清楚，无论是网约车管理办法，还是税收征管法，这些法律、法规等的制定、修订和完善，很多都涉及了平台的作用。总体而言，在未来的数字经济治理过程中，应该给予平台一定的责任，但也要给它一定的权力。

平台治理是指应合理界定政府、平台、第三方的责任，发挥平台的枢纽作用，对与平台相关的问题进行治理。淘宝平台的治理是协同治理、数据治理很好的例子。淘宝是一个巨型平台，涉及 1000 多万个卖家和 4 亿多个买家，以及海量的各种类型的网络服务商。借助平台规则，各类主体积极参与相关问题的治理。例如淘宝大众评审机制，截至 2016 年 3 月 31 日，"大众评审员"已超百万，投票数超过 1.5 亿次，判定的纠纷超过 367 万，事项包括规则评审、交易纠纷判定、山寨品牌清理、不合理评价判定、滥发申诉判定等平台各项治理相关业务。

（二）依靠数字技术

从技术的角度来说，这个系统非常复杂，例如阿里巴巴 2016 年零售平台一年有 3 万亿元的销售额，这个生态非常庞杂，不管是互联网公司本身还是政府面对这种新经济体的时候都没有经验。在未来治理过程中需要更加重视用技术的手段，如数据、人工智能等。以前的治理更多的是建立制度、立法，但是技术的作用不可或缺，这是跟传统经济在治理上很重要的差别。

大数据治理是指充分运用大数据、云计算、人工智能等先进技术，实现治理手段的智能化。如城市交通治理，运用交通实时大数据分析车流量，可以减少拥堵。购物平台的打假、炒信，面对海量商品、海量卖家买家、实时交易、碎片化交易等特点，利用传统的商业监管方式已无法应对这些新情况，而利用图片识别技术、先进算法、大数据分析等方法，可较好地发现问题、解决问题。

数字经济与新生活

随着数字经济的发展，整个社会将越来越智能化。人们有更多的机会选择做感兴趣的事情。那些重复性、缺乏创造性和想象力的工作将由智能机器替代。

在工业时代，工作、生活、学习相互割裂，个体无法柔性安排工作与生活，较为严格地遵守八小时工作制。在数字时代，就业模式转变为自由连接体——越来越多的个体都成为知识工作者，人人都是某个领域的专家。这让个体的潜能得到极大释放，每个人的特长都可以方便地在市场上"兑现"，逐渐呈现出了自由连接体的新形态。

同时，个体的工作与生活也将更加柔性化。工作、生活、学习一体化的"SOHO"式工作、弹性工作等新形态将更为普遍。当然，"人人都是专家""人人也都必须要成为专家"，这既意味着某一能力的优异，也意味着要像专家那样"每个人都是自己的CEO"——自我驱动、自我监督、自我管理、自我提升。

如果放眼更长远的未来，"个体作为经济主体的崛起"，更是一个宏大历史进程的一部分。如中国社科院金融所周子衡认为："公司将不再是经济活动的主体，个人将成为经济的主体。公司理性最终要被个人理性所解构与替代。这是近两个世纪以来经济矛盾的根本所在。就是说，经济问题的中心，将不再是所谓的市场与政府关系掩盖下的企业与政府的关系，而是个人与个人的关系。"

　　人们在学习、工作、休闲、社交、娱乐时的行动，首先会被全方位实时地用数据的形式记录下来，这相当于在虚拟世界保存了个人生活轨迹。挥动手臂开启的视像屏幕、自动调节温度湿度亮度的室内环境控制系统、饮食配餐的电子助手、传递时尚资讯与配搭技巧兼具购物功能的智能衣柜、智能穿衣镜、休闲娱乐的机器伴侣、睡眠中监测健康的元件……时刻在线联结。那些真正以消费者为中心设计运转的产业部门如零售、制造、金融等，组合变化出多种多样的产业图景，为人们的未来生活带来了无限的便利和想象空间。